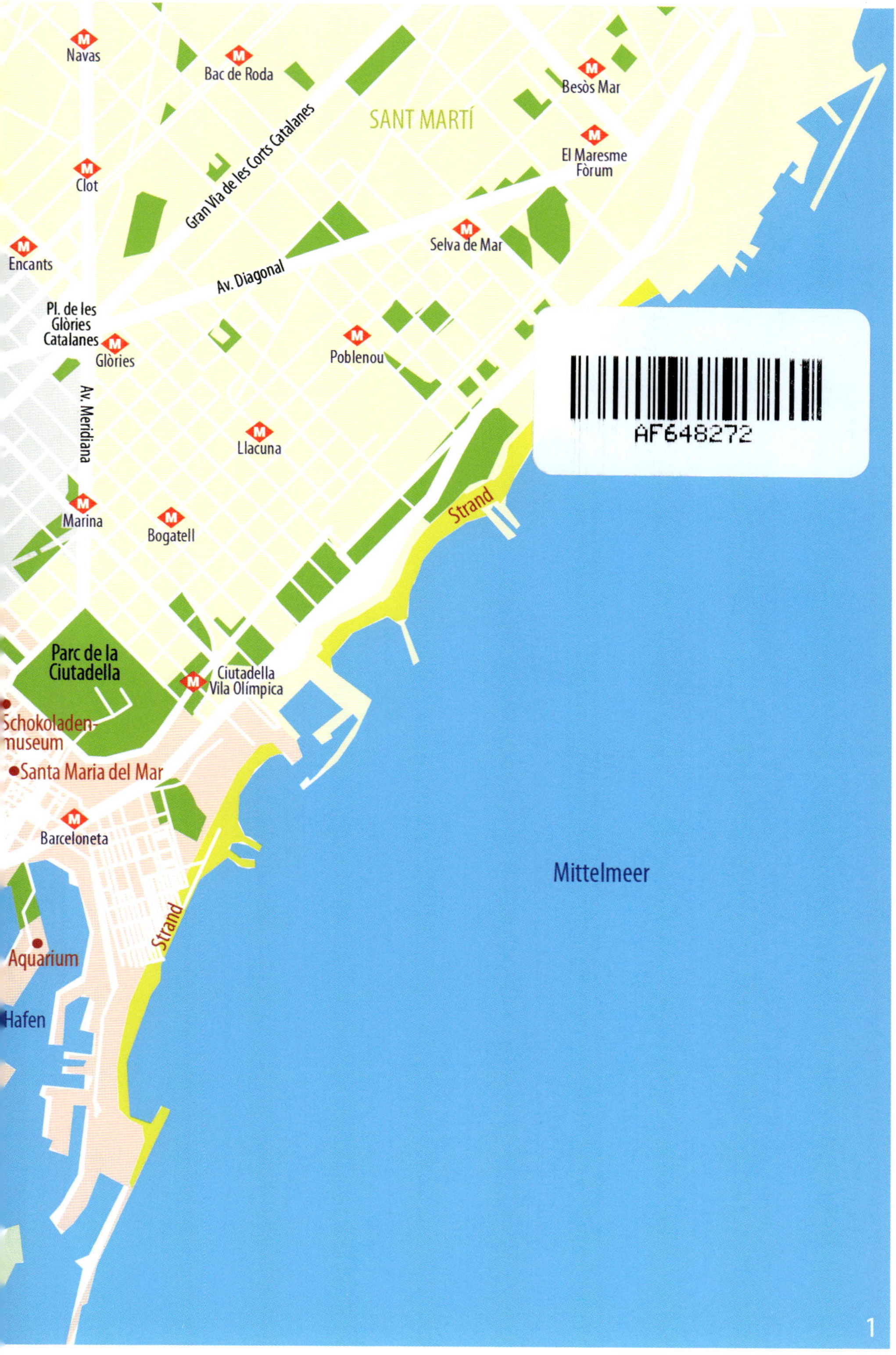
Navas
Bac de Roda
Besòs Mar
SANT MARTÍ
Gran Via de les Corts Catalanes
El Maresme Fòrum
Clot
Selva de Mar
Encants
Av. Diagonal
Pl. de les Glòries Catalanes
Glòries
Poblenou
Av. Meridiana
Llacuna
Marina
Bogatell
Strand
Parc de la Ciutadella
Ciutadella Vila Olímpica
Schokoladen-museum
Santa Maria del Mar
Barceloneta
Mittelmeer
Strand
Aquarium
Hafen

Barcelona für dich!

Der Reiseführer
mit **Comics** und **Rätseln**

Name und Adresse
deines Hotels:

Vorwahlnummern
nach Spanien: 0034
und dann die neunstellige
Telefonnummer

Notruf: 112

von Spanien
nach Deutschland: 0049
nach Österreich: 0043
in die Schweiz: 0041
und dann die Telefonnummer ohne
die erste Null

Wir freuen uns über deine Meinung zum Reiseführer und über Verbesserungsvorschläge! Schick uns eine E-Mail an: info@lonitzberg.at
Unter allen Einsendungen verlosen wir monatlich – unter Ausschluss des Rechtswegs – ein Überraschungspäckchen.

Besuch uns auch im Internet: www.lonitzberg.at

1. Auflage 2019

Text: Kristina Pongracz
Illustrationen: Mia Janssen
Gestaltung: Ursula Grande
Druck und Bindung: Prime Rate, Budapest

ISBN: 978-3-903289-03-1

Die Symbole bedeuten:

- ✉ Adresse
- M U-Bahnlinie und -haltestelle
- Autobuslinie und -haltestelle
- Öffnungszeiten
- € Es ist Eintritt zu bezahlen. / Der Eintritt ist frei.
- Internetadresse
- ! zusätzliche Information

Inhaltsverzeichnis

Willkommen in Barcelona!

Barcelona liegt im Osten von Spanien, direkt am Mittelmeer, und ist die Hauptstadt der spanischen Region Katalonien. Die Stadt hat **1,6 Millionen Einwohner** – damit ist sie nach der Hauptstadt Madrid die **zweitgrößte Stadt Spaniens.** (Zum Vergleich: Berlin hat 3,6 Millionen Einwohner, Wien 1,9 Millionen und Bern 142.000.)

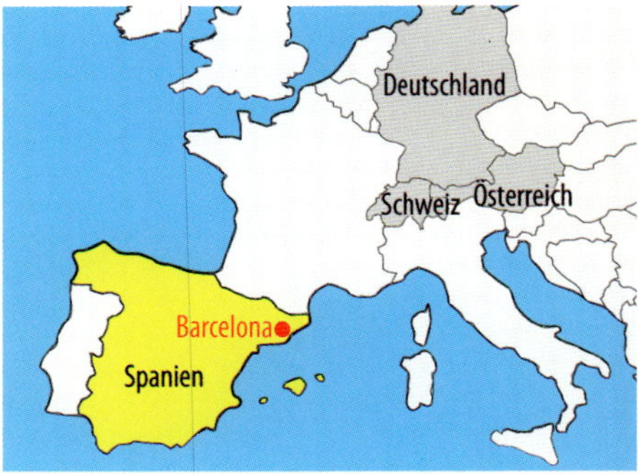

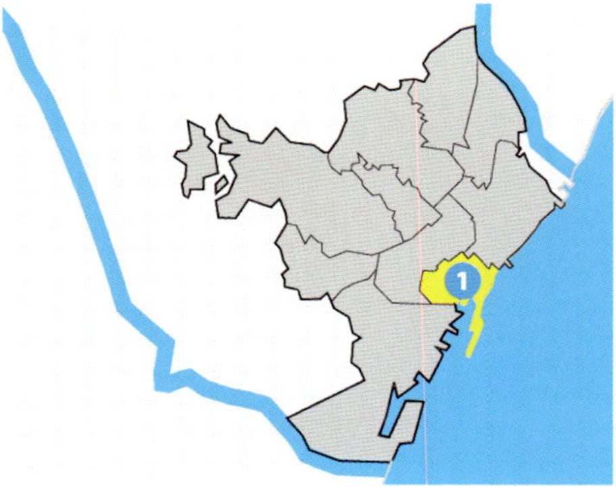

Barcelona ist in **zehn Stadtbezirke** eingeteilt. Der erste Bezirk heißt ❶ „Ciutat Vella" („Altstadt") und ist der älteste Teil von Barcelona: Hier gründeten die Römer vor circa 2000 Jahren eine Siedlung.

Du wirst dich wahrscheinlich vor allem in der ❶ **Altstadt** aufhalten, denn hier befinden sich die meisten Sehenswürdigkeiten – allen voran das **Gotische Viertel** mit Resten der alten Römersiedlung und vielen Gebäuden, die noch aus dem Mittelalter stammen. Aber auch sonst hat Barcelona viel zu bieten: Im Bezirk ❷ **Eixample** findest du die berühmte Kirche **Sagrada Família** und viele Häuser im Stil des **Modernisme** (→ S. 12). Außerdem hat Barcelona einen ❸ **Strand** – und es gibt noch viel, viel mehr zu entdecken!

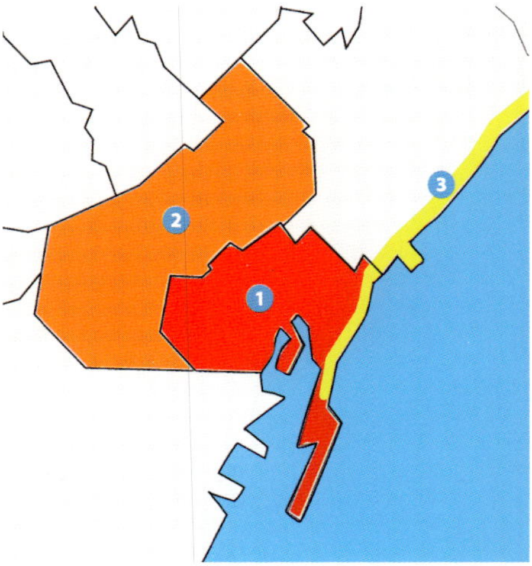

Willkommen in Barcelona!

In Barcelona gibt es **zwei Amtssprache**n (das sind Sprachen, die auf Ämtern, in Schulen und anderen öffentlichen Organisationen gesprochen werden): **Katalanisch** und **Spanisch** (→ S. 76).

Und die Barcelonesen haben (wie alle Spanier) auch **zwei Nachnamen:** Der erste kommt vom Vater und der zweite von der Mutter. Dazwischen kann ein „i" (katalanisch) oder „y" (spanisch) stehen: Das bedeutet „und".
Also zum Beispiel: Der berühmte Architekt Antoni Gaudí i Cornet war der Sohn von Herrn Gaudí und Frau Cornet. (Er ließ den zweiten Nachnamen aber später weg – so wie viele Spanier.)

Barcelona liegt zwischen dem Meer und dem Gebirge Serra de Collserola. Deshalb ist es oft einfach, sich zu orientieren: Wenn die Straße bergauf oder bergab führt, sind **„oben" die Berge** und **„unten" das Meer.** (Logisch – alle Flüsse fließen ja ins Meer, und das würde nicht funktionieren, wenn es nicht bergab ginge.)

Katalanisches Essen schmeckt herrlich! Ganz einfach ist **Pa amb tomàquet** („Brot mit Tomate"): Getoastetes Brot, das mit einer Knoblauchzehe und einer halben Tomate eingerieben und mit Olivenöl beträufelt wird.

Unbedingt probieren solltest du auch die für ganz Spanien typischen **Tapas:** So bezeichnet man verschiedene kleine Speisen. Gemeinsam bestellt man mehrere Tapas und kann dann von allen kosten.

Oft werden auch **Pintxos** angeboten, die eigentlich aus Nordspanien stammen. „Pintxo" (das spricht man „Pintscho" aus) heißt „Spieß", denn es handelt sich um kleine Häppchen, in denen Zahnstocher stecken. Du kannst sie direkt an der Theke aussuchen, und beim Bezahlen wird nach der Anzahl der Zahnstocher abgerechnet.

Und falls du es lieber süß magst: Wie wäre es mit **Crema Catalana?** Das ist eine Creme aus Milch, Eigelb und Zucker, die mit einer Karamellschicht überzogen ist. Mmmh!

Und was bedeutet …

PLAÇA – PLATZ

PLACETA – KLEINER PLATZ

AVINGUDA – PRACHTSTRASSE

PASSEIG – ALLEE

CARRER – STRASSE

PASSATGE – DURCHGANG

CARRER GRAN – GROSSE STRASSE

RONDA – RINGSTRASSE

VIA – STRASSE

GRAN VIA – GROSSE STRASSE

MERCAT – MARKT

PARC – PARK

Es beginnt mit den Römern

Spanien gehörte früher mal zum Römischen Reich. Auf einem Hügel, dort, wo sich heute Barcelonas Gotisches Viertel befindet, gründeten die Römer die Kolonie **Barcino.**

Die Lage war günstig: Vom Hügel aus hatte man die Umgebung gut im Blick (so konnte man Feinde früh entdecken). Außerdem sorgte das Meer für ein angenehmes Klima, und man konnte einen Hafen bauen – das war natürlich auch praktisch!

Barcino war eine recht kleine Siedlung, aber durch den Hafen und die Lage an der Via Augusta (einer großen Römerstraße, die Kaiser Augustus kurz nach der Gründung von Barcino bauen ließ), entwickelte es sich zu einem **wohlhabenden Handelsstützpunkt.**

Die Römer sprachen **Latein** – daraus entwickelten sich später die beiden Sprachen **Spanisch** und **Katalanisch.**

Viele Herrscher

Als das Römische Reich zu Ende ging, kam Barcelona für 300 Jahre unter die Herrschaft der **Westgoten.**

Dann fielen die **Mauren** (das waren aus Nordafrika kommende Berber und Araber) in Spanien ein. 85 Jahre stand Barcelona unter maurischer Herrschaft – bis die Mauren von den Truppen des Frankenkönigs **Karl des Großen** vertrieben wurden.

Karl ließ das Gebiet um Barcelona von mehreren Grafen verwalten – auch Barcelona wurde **Sitz eines Grafen.** Im Lauf der Zeit wurden die Grafen immer mächtiger: **Wilfried der Behaarte** vereinigte mehrere Grafschaften und beherrschte sie von Barcelona aus. Und im Jahr 988 verkündete Borrell II. dann die **Unabhängigkeit** vom Frankenreich.

Einige Zeit später findet sich erstmals der Name **Katalonien.** Er bezeichnete das Gebiet der Grafen von Barcelona.

circa 15 vor Christus
Die Römer gründen Barcino.

415 nach Christus
Barcino kommt unter westgotische Herrschaft.

717 n. Chr.
Die Mauren erobern Barcelona.

801
Karl der Große erobert Barcelona.

Das Wappen von Katalonien

Der Sage nach verdankt Katalonien Wilfried dem Behaarten auch sein Wappen. Und das kam so: Im Kampf für Karl den Kahlen (das war der Enkel von Karl dem Großen) wurde Wilfried verletzt.
Karl besuchte ihn, und zum Dank für Wilfrieds Treue tauchte er seine Finger in die Wunde und strich dann mit den blutverschmierten Fingern über Wilfrieds gelbes Schild: Das Wappen war entstanden!

Auch im Stadtwappen von Barcelona findest du die vier roten Streifen auf gelbem Grund, gemeinsam mit dem roten Kreuz des heiligen Georg, der der Schutzheilige von Katalonien ist.

Das Wappen und die Flagge Kataloniens und das Stadtwappen von Barcelona

Auf der Höhe der Macht

Als sich Graf Ramon Berenguer IV. mit der (damals erst einjährigen!) Prinzessin Petronella von Aragonien verlobte, entstand das mächtige Reich der **Krone von Aragonien und Katalonien.** Beide Herrschaftsgebiete blieben weitgehend selbstständig, und Katalonien wurde weiter von Barcelona aus regiert. Das neue Königreich eroberte viele Gebiete im westlichen Mittelmeer und hatte Handelsvertretungen in zahlreichen Häfen.

Dadurch erlebte der **Seehandel** einen starken Aufschwung – und die Hafenstadt Barcelona profitierte davon: Der **Hafen** wurde neu gebaut und dabei vergrößert, und die Stadt bekam eine neue **Stadtmauer.** Sie umschloss nun ein viel größeres Gebiet als die frühere römische Mauer, nämlich die gesamte heutige Altstadt. Auch sonst wurde **viel gebaut,** und zwar im Stil der **Gotik,** der damals modern war. Viele gotische Gebäude sind noch heute erhalten.

878
Wilfried der Behaarte wird Graf von Barcelona.

988
Borell II. erklärt die Unabhängigkeit.

1137
Das Königreich von Aragonien und Katalonien entsteht.

Nun geht's bergab!

Mit einer Hochzeit hatte Barcelonas Aufstieg begonnen, und mit einer Hochzeit ging es auch wieder bergab: Als Ferdinand von Aragonien Isabella von Kastilien heiratete, entstand ein noch mächtigeres Reich. Aber diesmal profitierte Barcelona nicht – im Gegenteil: Der Königshof wurde nach Toledo (und später nach Madrid) verlegt, und so **verlor** Barcelona **stark an Bedeutung.**

Auch die „Entdeckung" Amerikas im Jahr 1492 brachte nichts Gutes, denn nun verlagerte sich der Seehandel vom Mittelmeer auf den Atlantischen Ozean. Für Barcelona bedeutete das einen gewaltigen **Handelsrückgang.**

Als König Karl II. im Jahr 1700 kinderlos starb, brach ein Streit um seine Nachfolge aus („Spanischer Erbfolgekrieg" → S. 41). Katalonien unterstützte den späteren „Verlierer" – und der „Gewinner", **Philipp V.,** rächte sich bitter: Nachdem er Barcelona erobert hatte, **beendete** er **Kataloniens Selbstverwaltung** und **verbot die katalanische Sprache.**

Mehr Platz!

Politisch gesehen folgte eine schwierige Zeit für Barcelona – mit der Wirtschaft ging's allerdings bald wieder bergauf: Vor allem die **Textilproduktion** entwickelte sich rasant.

Die Textilfabriken brauchten viele Arbeitskräfte, und so kamen immer mehr Menschen nach Barcelona, um hier zu arbeiten. Der Platz innerhalb der Stadtmauer war schon längst viel zu knapp geworden. Endlich kam aus der Hauptstadt Madrid die **Erlaubnis, die Mauer abzureißen.** Gleich neben der alten Stadt wurde nun ein neuer Stadtteil, **Eixample,** gebaut.

Zur gleichen Zeit entstand auch eine neue Kunstrichtung: der **Modernisme** (→ S. 12), und so wurden viele Gebäude im Eixample in diesem Stil errichtet.

Gleich zweimal, in den Jahren **1888** und **1929,** fanden in Barcelona **Weltausstellungen** (→ S. 42) statt, und für beide Großereignisse wurde die Stadt aufwendig hergerichtet und **modernisiert.**

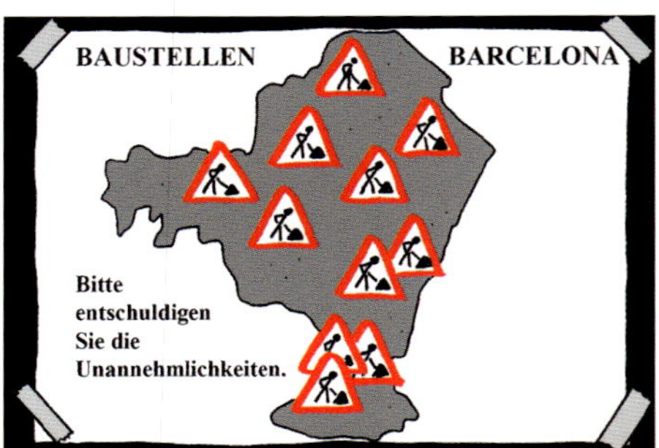

1469
Ferdinand von Aragonien heiratet Isabella von Kastilien.

1714
Philipp V. erobert Barcelona.

1854
Barcelona erhält die Erlaubnis zum Abriss der Stadtmauer.

Schreckensherrschaft

Im Jahr 1936 organisierte eine Gruppe von Militärs unter der Führung von General Francisco **Franco** einen Aufstand gegen die spanische Regierung in Madrid und löste damit den **Spanischen Bürgerkrieg** aus.

Barcelona stellte sich auf die Seite der Regierung – und wieder wurde die Stadt (und ganz Katalonien) nach dem Sieg Francos 1939 für den Widerstand bestraft: Die katalanischen **Sonderrechte und die Regionalregierung,** die erst einige Jahre zuvor wiedereingeführt worden waren, wurden erneut **abgeschafft** und die **katalanische Sprache** in der Öffentlichkeit wieder **verboten.**

36 Jahre lang herrschte Franco als Diktator über Spanien. Erst nach seinem Tod im Jahr 1975 erhielt Katalonien wieder das Recht, sich teilweise selbst zu verwalten. Die **Regionalregierung kehrte nach Barcelona zurück.** Und **Katalanisch** wurde (neben Spanisch) zur offiziellen **Amtssprache** (→ S. 7).

Barcelona heute

1992 fanden in Barcelona die **Olympischen Sommerspiele** statt, und wie schon bei den beiden Weltausstellungen wurde die Stadt auch für diese Großveranstaltung **modernisiert:** Alte Stadtviertel wurden saniert und neue gebaut. Auch Barcelonas Strand wurde erst für die Olympischen Spiele angelegt!

Seitdem ist die Stadt ein beliebtes Ziel für **Touristen** geworden. Das bringt Geld – aber auch Probleme: So sind zum Beispiel die Wohnungsmieten durch den Tourismus sehr teuer geworden.

Vor allem ein Thema beschäftigt Barcelona heute: Viele (aber bei weitem nicht alle) Katalanen wollen, dass **Katalonien – mit Barcelona als Hauptstadt – unabhängig von Spanien** und ein eigener Staat wird. Die spanische Regierung will das natürlich nicht, doch die katalanische Regionalregierung will Katalonien trotzdem in die Unabhängigkeit führen. Es bleibt spannend!

1888 und 1929
Weltausstellung

1936–1939
Spanischer Bürgerkrieg

1939–1975
Diktatur unter Franco

1992
Olympische Sommerspiele

Gotik

13.–15. Jahrhundert

In der Gotik wurde in Barcelona viel gebaut, und zahlreiche Gebäude aus dieser Zeit sind bis heute erhalten.

Typisch für die Gotik sind die **Spitzbögen** und die **Maßwerk-Verzierungen** (das sind die feinen, aus dem Stein herausgearbeiteten geometrischen Muster). Gotische Kirchen haben oft ein **großes, rundes Fenster** über dem Eingang.

Santa Maria del Mar

In Katalonien sehen gotische Bauwerke etwas anders aus als bei uns: Sie sind **eher breit** gebaut (bei uns sind sie sehr hoch) und wirken **sehr massiv.**

Übrigens

Im 19. Jahrhundert wurde die Gotik noch einmal modern, und die Architekten schufen damals Gebäude, die gotischen Bauten ähnlich sehen. Diesen Stil nennt man **Neugotik.**

Modernisme

circa 1885–1910

Der zweite Kunststil, der Barcelona stark geprägt hat, ist der Modernisme: Um 1900 lehnten immer mehr Künstler die Neugotik und die Nachahmung anderer alter Baustile ab. Sie wollten eine neue, moderne Kunst schaffen. So entstand der Jugendstil, der in Katalonien Modernisme genannt wird.

Modernistische Gebäude erkennst du an den meist **geschwungenen Linien** und **Pflanzenmustern.** Viele verschiedene Materialien (zum Beispiel **Keramikfliesen, Mosaike, buntes Glas** und **Eisen)** machen die Gebäude zu einem „Gesamtkunstwerk".

Palau de la Música Catalana

Die bekanntesten Architekten des Modernisme waren Antoni **Gaudí,** Lluís **Domènech i Montaner** und Josep **Puig i Cadafalch.**

Antoni Gaudí

Antoni **Gaudí** ist wahrscheinlich der bekannteste Barcelonese überhaupt! Manche lieben seine Kunst, andere finden sie kitschig – aber egal, wie man es sieht: Er schuf jedenfalls etwas für die damalige Zeit völlig Neues!
Gaudí orientierte sich stets an der **Natur,** und in seinen Werken kannst du viele Pflanzen, Tiere und andere Motive aus der Natur entdecken.
Er arbeitete gern mit **Mosaiken:** Dafür zerbrach er Fliesen und formte aus den Scherben neue Muster.
Und er wurde im Lauf seines Lebens sehr gläubig. In seinen Werken findest du deshalb oft **religiöse Symbole.**

Hier siehst du die bekanntesten Bauwerke von Antoni Gaudí.
Welcher Schornstein und welches Türmchen gehört zu welchem Gebäude?

Sagrada Família

Palau Güell

Casa Batlló

Casa Vicens

Casa Milà

So viel zu sehen!

Hier kannst du ankreuzen, was du gesehen hast und wie es dir gefallen hat.

gesehen		Cool!	o.k.	na ja …
☐	Rambla	☐	☐	☐
☐	Boqueria (Mercat de Sant Josep)	☐	☐	☐
☐	Plaça Reial	☐	☐	☐
☐	Palau Güell	☐	☐	☐
☐	Schifffahrtsmuseum	☐	☐	☐
☐	Kolumbus-Säule	☐	☐	☐
☐	Alter Hafen	☐	☐	☐
☐	Gotisches Viertel	☐	☐	☐
☐	Römische Gräber	☐	☐	☐
☐	Santa Maria del Pi	☐	☐	☐
☐	Reste der Römischen Stadtmauer	☐	☐	☐
☐	Kathedrale	☐	☐	☐
☐	Jüdisches Viertel	☐	☐	☐
☐	Plaça de Sant Jaume	☐	☐	☐
☐	Römischer Tempel	☐	☐	☐
☐	Plaça del Rei	☐	☐	☐
☐	Palau de la Música Catalana	☐	☐	☐
☐	Santa-Caterina-Markt	☐	☐	☐
☐	Picasso-Museum	☐	☐	☐
☐	Santa Maria del Mar	☐	☐	☐
☐	Schokoladenmuseum	☐	☐	☐
☐	Zitadellenpark	☐	☐	☐
☐	Casa Lleó Morera, Casa Amatller, Casa Batlló	☐	☐	☐
☐	Casa Milà	☐	☐	☐
☐	Sagrada Família	☐	☐	☐
☐	Park Güell	☐	☐	☐
☐	Gràcia	☐	☐	☐
☐	Montjuïc	☐	☐	☐
☐	Strand	☐	☐	☐
☐	Camp Nou	☐	☐	☐
☐	ein Kunstwerk von Miró	☐	☐	☐

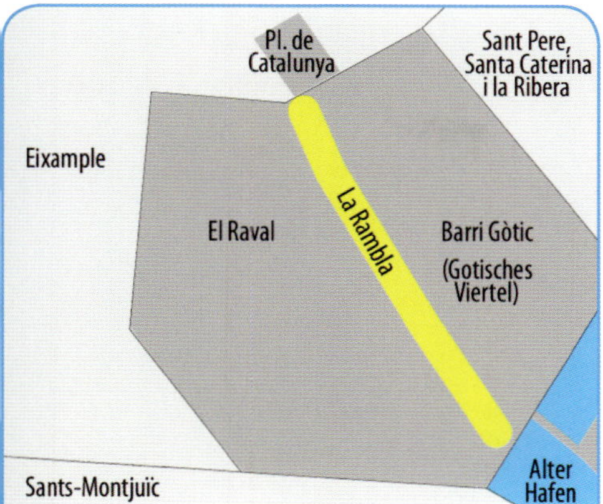

Start:
✉ Plaça de Catalunya
Ⓜ L1, L3, L6, L7 Catalunya
Ziel:
✉ Plaça del Portal de la Pau
Ⓜ L3 Drassanes
🕒 blaue Kästchen auf den folgenden Seiten

Über die Rambla

Die Rambla ist Barcelonas bekannteste Fußgängerzone. Sie ist 1,2 Kilometer lang, führt von der Plaça de Catalunya zum Alten Hafen und bildet die Grenze zwischen den beiden Altstadt-Vierteln Barri Gòtic und El Raval.

Und was bedeutet „Rambla“?

Das Wort kommt von dem arabischen Wort „Ramla“ und heißt übersetzt

Vor langer Zeit floss hier nämlich ein Fluss zum Meer.

Manchmal heißt es „La Rambla“, dann wieder „Les Rambles“ oder „Las Ramblas“.

Was ist jetzt richtig?
Alle drei Begriffe! Eigentlich heißt es **La Rambla** („Die Rambla“), aber weil die Rambla in fünf Abschnitte unterteilt ist (Rambla de Canaletes, Rambla dels Estudis, Rambla de Sant Josep, Rambla dels Caputxins und Rambla de Santa Mònica) verwenden die Barcelonesen das Wort meistens in der Mehrzahl: Auf Katalanisch ist das **Les Rambles** und auf Spanisch **Las Ramblas.**

Im Mittelalter wurde die Stadtmauer entlang der Rambla errichtet (die Rambla befand sich also außerhalb der Stadt).

Im 18. und 19. Jahrhundert wurde die Mauer dann stückweise abgerissen und die Rambla zu einer eleganten Prachtstraße umgebaut: mit Bänken, Laternen und Bäumen, die auch heute noch angenehmen Schatten spenden. Die Rambla wurde zur begehrten Wohngegend, und die Barcelonesen kamen gern hierher, um spazieren zu gehen und Leute zu sehen – daraus entwickelte sich sogar der Ausdruck „ramblejar“.

Heute sind es vor allem Touristen, die auf der Rambla spazieren. (Wo viele Menschen sind, treiben sich auch Taschendiebe herum – also Vorsicht!)

Rambla

Es geht los!

Die Tour beginnt am nordwestlichen Ende der Rambla, auf der **Plaça de Catalunya.** Dieser „Katalonien-Platz" bildet die Grenze zwischen dem Gotischen Viertel (→ S. 22) und dem Stadtteil Eixample (→ S. 44).

Auf dem großen Platz haben viele Autobuslinien ihre Stationen (auch der Flughafenbus hält hier), und unter dem Platz befindet sich ein Bahnhof, der auch von der U-Bahn angefahren wird.

Findest du das Denkmal, das wie eine umgefallene Treppe aussieht?

Was stellt es dar?

A: Katalonien will von Spanien unabhängig werden, und das Denkmal soll symbolisieren, dass dies ein schwieriger Weg ist.

B: Gemeinsam mit einem zweiten „Puzzleteil" auf der Rambla soll das Denkmal zeigen, dass Katalonien und Spanien zusammengehören.

C: Das Denkmal soll die geographische Form Kataloniens darstellen.

Von der Mitte des Platzes aus gesehen beginnt die Rambla rechts hinter dem Katalonien-Denkmal.
Sie führt leicht bergab – logisch: Sonst hätte der Fluss ja früher nicht zum Meer fließen können. (Die wellenförmigen Pflastersteine erinnern noch daran.)

Auf dem obersten Abschnitt der Rambla, der *Rambla de Canaletes,* befindet sich der eiserne **Canaletes-Brunnen** mit der vierarmigen Straßenlaterne. Der Überlieferung nach soll jeder, der das Wasser des Brunnens trinkt, noch einmal nach Barcelona zurückkommen.

Wenn der Fußballclub FC Barcelona ein wichtiges Match gewonnen hat, treffen sich hier die Fans, um den Sieg zu feiern.
Warum ausgerechnet hier?
In den 1930er-Jahren befand sich hinter dem Brunnen die Redaktion einer Sportzeitschrift, und wenn ein Match stattfand, wurde der Spielstand auf einer Tafel am Haus laufend aktualisiert. Damals gab es noch kein Fernsehen, kein Internet und keine Handys – kein Wunder also, dass sich die Fans hier trafen.
Die Zeitschrift gibt es schon lange nicht mehr, aber die Fans kommen noch heute!

Auf der Rambla ist sehr viel los. Was schätzt du: Wie viele Menschen sind pro Jahr auf der Rambla unterwegs?
A: 20–30 Millionen
B: 50–70 Millionen
C: 80–100 Millionen

Der **Palau Moja** („Palau" spricht man „Pala-u" aus und bedeutet „Palast") ist nach der adeligen Erbauer-Familie Moja benannt. Er war einer der ersten Paläste, die an der Rambla gebaut wurden und galt als eines der schönsten Häuser in ganz Barcelona!

Auf Nummer 115 befindet sich die **Königliche Akademie der Wissenschaften und Künste** (an der Fassade siehst du die Aufschrift „Reial Acadèmia de Ciències i Arts").

Tickst du richtig?

Vergleich mal deine Uhr mit der an der Akademie – das Schild mit der Aufschrift „Hora Oficial" (das bedeutet „Offizielle Zeit") verrät nämlich, dass die Uhr früher die offizielle Zeit für Barcelona anzeigte. Danach konnte jeder seine Uhr stellen.

Gegenüber dem Palau Moja befindet sich die **Betlehem-Kirche,** und über dem Eingang im *Carrer del Carme* siehst du Maria und Josef mit dem Jesuskind im Stall von Bethlehem.

Übrigens

Auf dieser Seite schließt das Altstadtviertel **El Raval** an die Rambla an. Seit den 1980er-Jahren wird es saniert und ist heute ein Studenten- und Szeneviertel.
1995 wurde auf der *Plaça dels Àngels* das **Museum für zeitgenössische Kunst (MACBA)** eröffnet (der Vorplatz eignet sich perfekt zum Skaten!), und im Jahr 2000 bekam der Raval auch seine eigene Rambla: die **Rambla del Raval** mit der **fetten Katze** des Künstlers **Fernando Botero.**

Früher führte ja die **Stadtmauer** an der Rambla entlang. Sie stand auf der linken Seite der Straße, und neben dem Palau Moja, dort, wo der *Carrer de la Portaferrissa* (die „Gasse des Eisentors") von der Rambla abzweigt, führte ein Tor (eben das „Eisentor") in die Stadt.
Am Anfang der Gasse befindet sich rechts ein Wandbrunnen, und auf dem **Fliesenbild** siehst du, wie die Mauer und das Stadttor aussahen. Außerdem siehst du, dass hier auch früher schon viel los war!

Übrigens

Als die Mauer an der Rambla abgerissen wurde, hatte sie längst ihre Funktion (nämlich die Stadt zu schützen) verloren: Einige Zeit nachdem sie gebaut worden war, wurde Barcelonas Stadtgebiet nämlich noch einmal vergrößert und die frühere Vorstadt El Raval eingemeindet.
An der neuen Stadtgrenze wurde dann eine neue Mauer gebaut – die alte Mauer blieb aber stehen und lief jahrhundertelang mitten durch die Stadt!

Auch der **Palau de la Virreina** auf Nr. 99 ist einer der ältesten Paläste der Rambla. Zu seiner Bauzeit war er das größte Privatgebäude in Barcelona!

Di–So und Fei 12.00–20.00 Uhr

Wenn der Palau geöffnet ist, dann sieh dir den schönen Innenhof an und auf der gegenüberliegenden Außenseite die **Giganten:** riesige Puppen, die bei Festumzügen durch die Stadt getragen werden (→ S. 36). (Wenn das Tor geschlossen ist, kannst du den Durchgang im linken Nachbarhaus benutzen.)

Neben dem Palau de la Virreina befindet sich Barcelonas bekanntester Markt: der **Mercat de Sant Josep,** den die Barcelonesen **La Boqueria** nennen.

Mo–Sa 8.00–20.30 Uhr

Seinen Namen hat er (und auch dieser Teil der Rambla: die *Rambla de Sant Josep*) vom Kloster des heiligen Josef, das sich früher hier befand.
In der Boqueria gibt es unglaublich viele Köstlichkeiten – hast du Lust auf einen Snack?

Die **Casa Bruno Cuadros** auf Nummer 82 hat eine ungewöhnliche Fassade: mit Regenschirmen, Fächern und einem chinesischen Drachen.

Wie kommt man auf die Idee, eine Fassade so zu gestalten?

Der Besitzer des Hauses, Bruno Cuadros, hatte im Erdgeschoss ein Schirmgeschäft – und das war ja wohl die perfekte Werbung!

Übrigens

Früher befanden sich an der Rambla mehrere Klöster. Doch im Jahr 1837 enteignete die Regierung viele Kirchen-Grundstücke (man wollte so die Staatskasse auffüllen).
Auch die Klöster an der Rambla waren davon betroffen. Sie wurden abgerissen, und viele Kunstschätze wurden dadurch zerstört.
Andererseits entstand so aber auch Platz für Neues – und Platz war in der eng bebauten Altstadt Mangelware.

Im Straßenpflaster der *Pla de la Boqueria* siehst du ein **Mosaik** des berühmten Künstlers Joan **Miró,** der ganz in der Nähe (im *Passatge del Credit 4*) geboren wurde. Miró hatte von der Stadt den Auftrag bekommen, alle Besucher Barcelonas willkommen zu heißen. Er schuf drei Kunstwerke, und dieses – in der Nähe des Hafens – soll alle Gäste, die vom Meer kommen, begrüßen.
Miró gestaltete das Mosaik in den für ihn typischen, einfachen Formen und Farben. – Falls du dich fragst, von welcher Seite man das Mosaik „richtig herum" sieht: Das erkennst du an Mirós Unterschrift.

Entdeckst du sie?

Auch die Oper **Gran Teatre del Liceu** wurde an der Stelle eines niedergerissenen Klosters gebaut.

Im Jahr 1994 ist sie fast vollständig abgebrannt! Damals hatte ein Vorhang bei Schweißarbeiten Feuer gefangen und einen gewaltigen Brand ausgelöst. Doch Barcelona baute seine Oper wieder auf, und zwar originalgetreu (nur die Technik wurde auf den neuesten Stand gebracht).

Du hast jetzt die Hälfte des Weges zurückgelegt, denn die Oper befindet sich genau in der Mitte der Rambla.

Der kurze *Carrer de Colom* führt zur **Plaça Reial,** einem der schönsten Plätze Barcelonas. Auch hier befand sich früher ein Kloster: das Kloster der Kapuzinermönche, von dem die *Rambla dels Caputxins* ihren Namen hat.

Hier sehen alle Häuser gleich aus: Im Erdgeschoss befindet sich ein Bogengang, dann folgen zwei Stockwerke, und darüber kommt noch das Dachgeschoss.
Die beiden Laternen auf dem Platz hat übrigens Antoni Gaudí (→ S. 13) entworfen.

Im *Carrer Nou de la Rambla 3* befindet sich der **Palau Güell,** den der reiche Unternehmer Eusebi Güell vom damals noch recht unbekannten Architekten Antoni **Gaudí** planen ließ. Und Gaudí erledigte den Auftrag bravourös: Er entwarf einen extravaganten Palast mit vielen ungewöhnlichen Details: Die beiden Eingangstüren konstruierte er zum Beispiel so, dass man zwar von innen sehen kann, wer vor der Tür steht, aber nicht umgekehrt.

Entdeckst du die Initialen „E" und „G" (für „Eusebi Güell")?

Und schau mal zum Dach: Die eigenartigen, bunten Gebilde sind Schornsteine, die Gaudí mit bunten Keramik- und Glasscherben verzierte.

Carrer Nou de la Rambla 3–5
L3 Liceu
Jan–März Di–So 10.00–17.30 Uhr
Apr–Okt Di–So 10.00–20.00 Uhr
Nov–Dez Di–So 10.00–17.30 Uhr
Letzter Einlass eine Stunde vor Schließung.
€ Eintritt. Der Eintritt ist an jedem 1. So im Monat und an einigen anderen Tagen gratis (→ Website).

! Die Warteschlange vor dem Ticketstand ist oft lang und die Zahl der Besucher begrenzt – du kannst daher oft nicht sofort nach dem Ticketkauf in den Palast gehen, sondern musst auf deine Eintrittszeit warten. Deshalb ist es ratsam, die Karten im Vorhinein auf der Website zu kaufen.
www.palauguell.cat/en

Übrigens

Falls du dich fragst, wie die fertigen Schiffe von hier zum Wasser kamen: Im Mittelalter, als die Werft gebaut wurde, befand sich der Hafen unmittelbar vor der Werft, und die Schiffe konnten direkt ins Wasser gleiten. Später wurde das Hafengebiet aufgeschüttet, und deshalb steht das Museum heute 140 Meter vom Hafen entfernt.

Rechts vor der hohen Säule befindet sich das interessante **Schifffahrtsmuseum.** Es ist in der ehemaligen Werft untergebracht, in der Barcelonas Schiffe gebaut wurden – das passt doch gut!

- Plaça del Portal de la Pau
- L3 Drassanes
- tägl. 10.00–20.00 Uhr, letzter Einlass 19.30 Uhr
- Eintritt
  Der Eintritt ist an jedem So ab 15.00 Uhr und an jedem 1. So im Monat ganztägig frei.
- www.mmb.cat

Am Ende der Rambla erhebt sich die **Kolumbus-Säule.** Sie wurde für die Weltausstellung von 1888 errichtet und soll daran erinnern, dass Christoph Kolumbus bei seiner Rückkehr aus Amerika in Barcelona von König Ferdinand und Königin Isabella empfangen wurde. Am Sockel der Säule ist dieses Treffen dargestellt. Im Inneren der Säule fährt ein Aufzug zu einer kleinen Aussichtsplattform in 60 Metern Höhe – von dort hast du einen tollen Blick über Barcelona!

- Plaça del Portal de la Pau
- L3 Drassanes
- täglich 8.30-19.30 Uhr
- Eintritt
- tickets.visitbarcelona.com

Wohin zeige ich?
A: nach Amerika
B: nach Genua (meiner Heimtstadt)
C: nach Algerien

Ende

In der Nähe
Hinter dem Schifffahrtsmuseum, an der *Avinguda del Paral·lel,* befindet sich der einzige erhaltene ❶ **Teil der mittelalterlichen Stadtmauer** mit einem Stadttor.

Hinter der Kolumbus-Säule befindet sich der ❷ **Alte Hafen** (Port Vell). Dort kannst du eine Hafenrundfahrt machen.

Die Fußgängerbrücke Rambla del Mar führt zum Einkaufszentrum Maremagnum und dem ❸ **Aquarium** mit mehr als 11.000 Tieren und einem 80 Meter langen, verglasten Unterwassertunnel.

- Moll d'Espanya del Port Vell
- L4 Barceloneta
- 10.00–mind. 19.30 Uhr (→ Website), Kassenschluss eine Stunde vor Schließung
- www.aquariumbcn.com
- ! Wegen der oft langen Warteschlange ist es ratsam, die Tickets online zu kaufen.

Gotisches Viertel

Start:
✉ Ecke Plaça de Catalunya/ Avinguda del Portal de l'Àngel
Ⓜ L1, L3, L6, L7 Catalunya

Ziel:
✉ Plaça del Rei
Ⓜ L4 Jaume I

🕒 → blaue Kästchen auf den folgenden Seiten

Über das Gotische Viertel

Das Gotische Viertel ist der **älteste Teil von Barcelona.** Es befindet sich zwischen der *Rambla*, der *Plaça de Catalunya*, der *Via Laietana* und dem Alten Hafen.

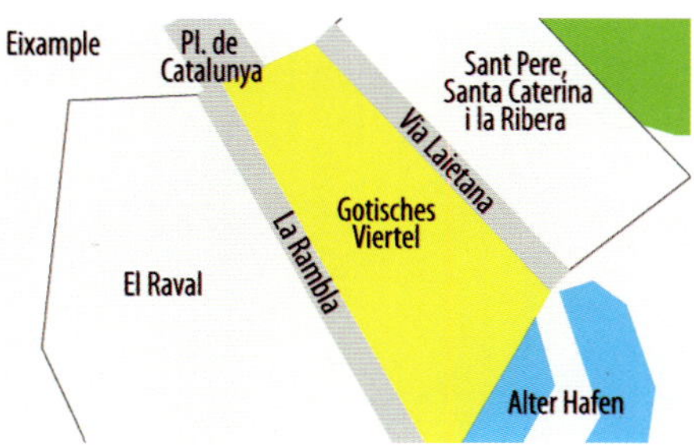

Warum heißt es „Gotisches" Viertel?

Hier sind viele Gebäude aus dem späten Mittelalter erhalten, und damals baute man im Stil der **Gotik** (→ S. 12).

Gegründet wurde Barcelona aber noch viel früher, und zwar **von den Römern** (→ S. 8). Zum Schutz vor Feinden umgaben sie ihre Siedlung mit einer Mauer – Reste davon wirst du gleich sehen.

Im Lauf der Zeit wuchs Barcelonas Bevölkerung, und der Platz innerhalb der Mauer wurde zu eng.

Deshalb bauten die Barcelonesen im **13. Jahrhundert** eine neue Stadtmauer, die circa das **Gebiet des heutigen Gotischen Viertels** umschloss. (Und noch zweimal wurde die Mauer verlegt, um die Stadt zu vergrößern. Aber weil die Bevölkerung ständig weiterwuchs, wurde der Platz immer wieder knapp. Dieses Problem wurde erst gelöst, als die Stadtmauer im 19. Jahrhundert abgerissen wurde.)

Es geht los!

Die Tour beginnt am nordwestlichen Ende der **Avinguda del Portal de l'Àngel** („Straße des Engelstors").

Wie kommt die Straße zu diesem Namen? ?

A: Hier befand sich früher ein mittelalterliches Stadttor, über dem eine Engelsstatue angebracht war.

B: Hier sah ein Priester einen Engel aus dem Himmelstor treten.

C: Hier war früher ein Friedhof, und das Friedhofstor wurde „Engelstor" genannt.

Wenn du dir jetzt denkst: „Hier sieht's aber nicht sehr mittelalterlich aus!", dann hast du recht: Die Straße wurde nämlich erst am Ende des 19. Jahrhunderts gebaut. Nirgendwo in Spanien sind die Geschäftsmieten so hoch wie hier: 2017 betrug die durchschnittliche Monatsmiete 280 Euro – für EINEN Quadratmeter!

Weil das für kleine Unternehmen natürlich zu teuer ist, befinden sich hier vor allem Filialen internationaler Firmen – mit einer Ausnahme: Der Familienbetrieb „Planelles Donat" (rechts auf Nr. 25) verkauft hier schon seit dem Jahr 1929 „Torrons": eine Süßigkeit aus Mandeln, Honig und Zucker. Und im Sommer gibt es auch köstliches Eis!

Die übernächste Gasse auf der rechten Seite ist der *Carrer de la Canuda*. Über dem Straßenschild siehst du eine alte **1 Keramiktafel:** Früher, als auf den Straßen noch Pferdefuhrwerke unterwegs waren, wurden die schmalen Gassen als Einbahnstraßen genutzt, und die Aufschrift „Entrada" („Einfahrt") bzw. „Salida" („Ausfahrt") zeigte an, in welche Richtung es ging.

Der *Carrer de la Canuda* führt zur *Plaça de la Vila de Madrid* – und zu den Römern! Geh am Ende des Platzes nach links. Bei Bauarbeiten fand man hier **2 85 römische Gräber!**

Gotisches Viertel

Jetzt könntest du vielleicht glauben, dass hier die alte Römersiedlung war. Aber das stimmt nicht – im Gegenteil: Die Gräber verraten, dass du dich noch außerhalb de römischen Siedlung befindest. Das römische Gesetz verbot nämlich, die Toten in der Stadt zu begraben (das hatte hygienische Gründe, und außerdem fürchtete man sich ein bisschen vor den Toten).

Die Gräber haben runde Löcher.
Entdeckst du sie? Was bedeuten sie?

A: Durch sie wurden Speise- und Trankopfer in die Gräber gereicht.
B: Sie stammen von Grabräubern.
C: Archäologen machten die Löcher, um in die Gräber sehen zu können.

Am Ende des Platzes führt der *Carrer d'en Bot* zum *Carrer de la Portaferrissa.* „Portaferrissa" bedeutet „Eisentor", und wenn du die Gasse ein kurzes Stück nach rechts bis zur *Rambla* (→ S. 15) gehen würdest, kämst du zu der Stelle, wo sich früher ein weiteres Tor der mittelalterlichen Stadtmauer befand.

Du biegst zwar auch rechts in den *Carrer de la Portaferrissa* ein, aber dann geht's gleich wieder nach links in den *Carrer de Petritxol,* der wegen der **Fliesenbilder** an den Häusern bekannt ist.

Findest du dieses Bild?

Im *Carrer de Petritxol* gibt es nämlich – auf Nr. 2 und 11 – zwei traditionsreiche Cafés.

Die Gasse bringt dich zur *Plaça del Pi* – und in die Gotik. Dass die Kirche 3 **Santa María del Pi** gotisch ist, erkennst du an den spitzen Bögen und dem großen, runden Fenster mit dem Maßwerk (so nennt man die aus dem Stein herausgehauenen Muster). Bei uns sind gotische Kirchen sehr hoch – in Katalonien sind sie eher breit gebaut. Das siehst du auch hier.

Im Eingangsbereich rechts kannst du einen Blick auf die **Giganten** werfen: riesige Figuren, die bei Festen durch die Stadt ziehen (→ S. 36).

Gotisches Viertel

Geh links (wenn du aus der Kirche kommst: rechts) um die Ecke der Kirche auf die *Plaça de Sant Josep Oriol.*
Von hier aus fallen noch zwei Merkmale gotischer katalanischer Kirchen auf: Sie sind sehr massiv – man hat ein bisschen das Gefühl, dass man vor einer Festung steht. Und auch der achteckige Kirchturm mit dem flachen Dach ist typisch für die katalanische Gotik: Bei uns wäre der Turm viereckig und das Dach spitz.

Zum Vergleich: Der hohe Wiener Stephansdom

Weiter geht's gleich am Anfang des Platzes links in den *Carrer de la Palla,* vorbei an dem Geschäft „Caelum", das Produkte aus spanischen Klöstern verkauft. Du kommst zur kleinen *Plaça de Frederic Marès* auf der rechten Seite, die von der Schule nebenan als Pausenplatz genutzt wird. Jetzt stehst du vor einem Rest der 4 **römischen Stadtmauer:** Dahinter befand sich die römische Siedlung!

Die Mauer sieht etwas „uneinheitlich" aus. **Warum ist das so?**
Nachdem Barcelona im Mittelalter vergrößert worden war, brauchte man die römische Mauer nicht mehr (sie stand jetzt mitten in der Stadt): Ein Teil wurde abgerissen und der Rest „wiederverwendet" – man baute einfach neue Häuser an und sogar auf die Mauer. Und das siehst du hier.

Folge der Gasse weiter und stell dir dabei vor, wo die Mauer weitergehen würde. – Ob du richtigliegst, kannst du gleich auf der *Plaça Nova* überprüfen. Hier siehst du nämlich einen weiteren **Mauerrest.** Und zwischen den beiden halbrunden Türmen befand sich 5 **eines der vier Stadttore,** die ins römische Barcelona führten (auch die Türme wurden später beim Bau neuer Häuser wiederverwendet).

Links vom Tor wurde ein kurzes Stück einer **römischen Wasserleitung** nachgebaut, die Barcelona früher mit Wasser versorgte (das Wasser floss durch die Rinne, die du oben siehst). Und davor siehst du Buchstaben: Sie bilden den römischen Namen Barcelonas: **BARCINO.**

Wenn du dich umdrehst, machst du einen Sprung über fast 2000 Jahre: Das 6 **moderne Gebäude** ist die Architektenkammer von Barcelona.

Schau dir das Wandbild an.
Von wem stammt es?
A: von der damals sechsjährigen Tochter des Architekten
B: von dem Maler Pablo Picasso
C: Das sind Vergrößerungen von römischen Zeichnungen, die man bei der Stadtmauer gefunden hat.

Das Bild zeigt katalanische Bräuche: In der Mitte ist ein **Castell** dargestellt: ein „Menschenturm“. Die Katalanen „bauen“ diese Castells, deren Spitze von einem Kind gebildet wird, meist zu Festen und vergleichen dabei, wer den höchsten und schwierigsten Turm zustande bringt.

Wie viele „Stockwerke“ sind Rekord?
A: 7 B: 10 C: 13

Daneben siehst du zwei **Giganten** und, wenn du links um die Ecke schaust, Menschen, die den katalanischen Volkstanz **Sardana** tanzen.

Gleich kommst du zur Kathedrale, und auf dem Platz davor treffen sich an den meisten Sonntagen um 11.15 Uhr und an vielen Samstagen um 18.00 Uhr Barcelonesen, um **Sardana** zu tanzen.

Geh die *Plaça Nova* bis zur Mitte. Jetzt stehst du vor Barcelonas wichtigster Kirche, der 7 **Kathedrale.**

✉ Pla de la Seu
M L4 Jaume I
🕒, € Die Kathedrale ist – je nach Tag und Uhrzeit – gratis bzw. mit Eintrittsgebühr zu besichtigen. (Die Öffnungszeiten ändern sich oft geringfügig.)
Eintritt frei:

Mo–Sa	8.30–12.30 Uhr

Eintrittsgebühr (inkl. Museum, Chor und Terrasse):

Mo–Fr	12.30–19.15 Uhr
Sa und Tage vor Fei	12.30–16.45 Uhr
So und Fei	14.00–16.45 Uhr

! Die Kirche ist ein Andachtsort. Zutritt deshalb nur mit „angemessener“ Kleidung: bedeckte Schultern, keine Shorts oder Miniröcke.
💻 www.catedralbcn.org

Die Kathedrale wurde am Ende des Mittelalters im Stil der **Gotik** gebaut. Und das ist jetzt eine gotische Kirche, wie wir sie kennen: mit hohen, spitzen Türmen. Vielleicht fällt dir auch auf, dass sie mit viel Maßwerk verziert ist.

Aber: Was du hier siehst (nämlich die Hauptfassade), stammt gar nicht aus dem Mittelalter! Ursprünglich hatte die Kathedrale nämlich eine einfachere Fassade, wie sie für gotische Kirchen in Katalonien üblich war (erinnere dich an Santa Maria del Pi).

So sah die Kathedrale ursprünglich aus.

Doch am Ende des 19. Jahrhunderts bot ein reicher Barcelonese an, die Kosten für eine prächtigere Fassade zu übernehmen. Das Angebot wurde dankend angenommen, und so bekam die Kirche ihre heutige **Fassade.** Und weil sie zum Rest der Kirche passen sollte, wurde sie **im neugotischen Stil** (→ S. 12) gebaut. Wenn du zum Eingang gehst und nach rechts schaust, kannst du genau erkennen, wo die neugotische Fassade endet und die „echt"-gotische beginnt.

Jetzt geht's in die Kathedrale!
(Wenn sie geschlossen ist oder du sie nicht von innen ansehen möchtest, dann geh rechts an der Kirche entlang und dann links um die Ecke bis zur *Plaça de Garriga i Bachs.* Lies dann auf S. 30 weiter.)

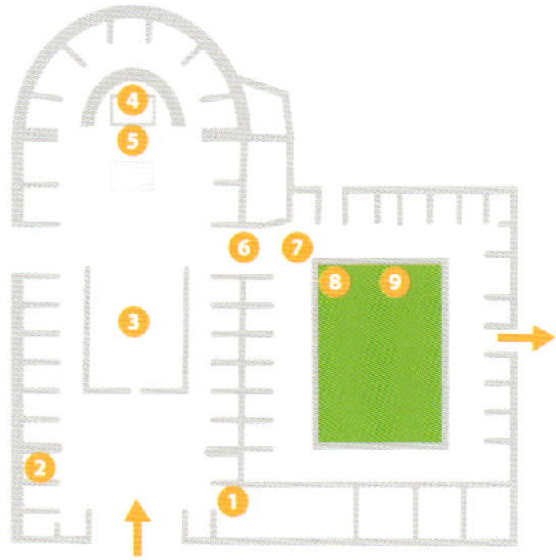

1. Christus von Lepanto
2. Markuskapelle
3. Chor
4. Kreuz, Hauptaltar, Bischofsstuhl
5. Sarg der heiligen Eulalia
6. Tor
7. Kreuzgang
8. Georgsbrunnen
9. Gänse

Innen ist die Kirche (mit Ausnahme der Kuppel beim Eingang, die zum neugotischen Turm gehört) „echt"-gotisch: mit **Spitzbögen** und **Kreuzrippengewölben,** die von **hohen Säulen** getragen werden.

Versuch mal, dir vorzustellen, wie beeindruckend die Kathedrale auf die Menschen im Mittelalter gewirkt haben muss, die in kleinen Holzhäusern wohnten!

Du befindest dich im **Mittelschiff** (so nennt man den mittleren Längsraum der Kirche). Links und rechts schließen die Seitenschiffe an, die durch hohe Säulen vom Mittelschiff getrennt sind. In ihnen befinden sich viele **Kapellen.**

Gotisches Viertel

Die (vom Eingang aus gesehen) erste Kapelle im rechten Seitenschiff ist für Betende reserviert, aber auch von etwas weiter weg kannst du das ❶ **Kreuz mit dem Christus von Lepanto** erkennen.

Der Überlieferung nach war es in der Seeschlacht von Lepanto im Jahr 1571 als Galionsfigur am Flaggschiff der Spanier angebracht und verhalf den Spaniern und ihren Verbündeten zum Sieg. – Schau mal: Christus biegt sich etwas zur Seite – der Legende nach wich er so einer feindlichen Kanonenkugel aus!

Als nächstes geht's zu den Kapellen im linken Seitenschiff. Die Ausstattung der zweiten ❷ **Kapelle,** die dem **heiligen Markus** geweiht ist, stammt aus einer späteren Zeit: dem Barock (das erkennst du an dem Prunk, der für das Barock typisch ist).

Vor dem Altar siehst du einen knienden Schuhmacher, und die Ausstattung der Kapelle wurde von Barcelonas Schuhmachern bezahlt.

Warum? – Die Katholiken glauben, dass die Heiligen die Menschen beschützen. Jede Berufsgruppe hat „ihren" Schutzheiligen, und der heilige Markus ist der **Schutzpatron der Schuhmacher.** Deshalb siehst du in der Kapelle auch mehrere Schuhe und Löwen (der Löwe ist Markus' Symbol).

Entdeckst du sie?

Es folgen zwei weitere Barock-Kapellen und dann zwei gotische Kapellen – schau mal, wie unterschiedlich die beiden Kunststile aussehen!

Ist dir aufgefallen, dass du an einer Wand entlanggehst? Wenn du um die Ecke gehst, siehst du, was sich hinter der Wand befindet: der ❸ **Chor,** in dem sich die Geistlichen zum Chorgebet versammeln. Du siehst die kunstvoll geschnitzten Sitzreihen mit den Klappsitzen. Sie sind meistens hochgeklappt, und so siehst du die Stützen an den Unterseiten – das war praktisch, wenn man während der Gebete lang stehen musste!

Wenn du dich umdrehst, siehst du das ❹ **Kreuz mit Jesus,** darunter den **Hauptaltar** und dahinter den **Stuhl des Bischofs.**

Übrigens

Der Bischofsstuhl heißt „Kathedra", und daher kommt der Name **Kathedrale.** Eine Kathedrale ist also immer die **Kirche eines Bischofs.**

Der volle Name der Kathedrale lautet: „La Catedral de la Santa Creu i Santa Eulàlia" („Kathedrale des heiligen Kreuzes und der heiligen Eulalia"). Weil das den Barcelonesen aber zu lang ist, nennen sie sie einfach „La Seu": „Der Bischofssitz".

Die Kirche ist also der **heiligen Eulalia** geweiht. Sie ist (gemeinsam mit La Merce) die **Schutzheilige von Barcelona.**

Und wer war die heilige Eulalia?
Nach der katholischen Tradition war sie ein Mädchen, das in Barcelona von den Römern ermordet wurde, weil es seinen christlichen Glauben nicht aufgeben wollte (sie war also eine Märtyrerin). Der Legende nach wurde Eulalia gekreuzigt, und deshalb wird sie in der Kunst mit einem X-förmigen Kreuz und einem Palmzweig (dem christlichen Symbol für Märtyrer) dargestellt.

Wenn du die Treppe vor dem Hauptaltar hinuntergehst, siehst du Eulalias kunstvoll gestalteten ❺ **Marmorsarg.**
Wobei: Es ist gar nicht sicher, ob es die heilige Eulalia von Barcelona wirklich gab! Zur gleichen Zeit lebte nämlich auch die heilige Eulalia von Mérida, die ein ähnliches Schicksal erlitt. Deshalb sind sich die Forscher nicht sicher, ob es sich bei den beiden Eulalias nicht vielleicht um einunddieselbe Person handelt.

Wenn du die Treppe wieder hinaufkommst, dann geh nach rechts und um den Altarraum herum.

In einer der Kapellen ist die heilige Eulalia mit dem X-förmigen Kreuz und dem Märtyrerpalmzweig dargestellt.
Entdeckst du sie?

Wenn du um den Altarraum herumgegangen bist, dann verlass die Kirche links durch das ❻ **Tor.** Es führt zum ❼ **Kreuzgang.** An der Ecke befindet sich ein ❽ **Brunnen** mit einer kleinen Statue des **heiligen Georg** (katalanisch: „Jordi"). Er hat der Legende nach einen bösen Drachen getötet und ist der **Schutzpatron von Katalonien.** Wenn du in Barcelona also irgendwo einen Ritter mit Schwert und Drachen siehst, ist es sicher der heilige Georg!

Im Innenhof leben ❾ **13 Gänse.**

Was machen denn die Gänse hier?
Sie sollten früher die Kathedrale bewachen – wenn du sie schnattern hörst, weißt du, warum sie die perfekte Alarmanlage waren!

Und warum sind es ausgerechnet 13 Gänse?
Weil die heilige Eulalia bei ihrem Tod angeblich 13 Jahre alt war.

Im Kreuzgang befinden sich viele **Gräber** mit Inschriften, Wappen und Symbolen (zum Beispiel Totenköpfen).

Findest du die Stelle, an der mehrere Schuhmacher begraben sind?

Wenn du den Kreuzgang verlässt, siehst du die **heilige Eulalia** an der Außenseite des Tors noch ein letztes Mal.

Der Ausgang führt auf die *Plaça de Garriga i Bachs.* Schau mal nach links (wenn du nicht in der Kirche warst: geradeaus). Dort verbindet eine **überdachte Brücke** zwei Häuser. Sie ist – wie die Hauptfassade der Kathedrale – im neugotischen Stil gebaut.

Rechts vom Denkmal führt der *Carrer de Montjuïc del Bisbe* zur idyllischen **Plaça de Sant Felip Neri** mit der Kirche des heiligen Philipp Neri.

Ein Rätsel für alle, die in der Kathedrale waren: Schau dir das Haus mit dem breiten Balkon an.
Hast du eine Idee, was darin mal gewesen sein könnte?

Verlass den Platz durch den *Carrer de Sant Felip Neri,* der zum *Carrer de Sant Sever* führt. Hier begann früher **El Call,** das Viertel, in dem Barcelonas **jüdische Bevölkerung** im Mittelalter leben musste.

Geh den *Carrer de Sant Sever* nach rechts und gleich die nächste Gasse, den *Carrer de Salomó Ben Adret,* nach links bis zur *Placeta de Manuel Ribé.*

Barcelonas Call existierte bis zum Jahr 1391: Damals stürmte eine aufgebrachte Menge das Viertel, plünderte die Häuser, ermordete viele Juden und vertrieb die Überlebenden.

Wie konnte es dazu kommen?
Das hatte eine längere Vorgeschichte: Den mittelalterlichen Christen waren die Juden, die eine andere Kultur und fremde Bräuche hatten, unheimlich. Dazu kam, dass Christen keine Zinsen verlangen durften, wenn sie jemandem Geld liehen. Für Juden galt dieses Verbot nicht – gleichzeitig waren ihnen aber viele andere Berufe verboten. Das führte dazu, dass sie oft als Geldverleiher arbeiteten, und so kamen sie zu dem Ruf, reich und geldgierig zu sein.
Im Mittelalter konnte man sich auch vieles, was wir heute wissen (zum Beispiel, wie Krankheiten übertragen werden), noch nicht erklären, und wenn dann wieder einmal eine Seuche ausgebrochen war, beschuldigte man oft die Juden, dafür verantwortlich zu sein.
Zu all dem kam noch, dass die Christen damals glaubten, dass ihre Religion die einzig richtige wäre und alle anderen Religionen für Irrglauben hielten.

Als ein Geistlicher dann in dieser angespannten Lage eine hasserfüllte Predigt gegen die Juden hielt, löste das die Katastrophe aus.

Übrigens

Seitdem ist viel Zeit vergangen, und heute gibt es wieder eine **jüdische Gemeinde** in Barcelona: Mit circa 4000–5000 Mitgliedern ist sie **die größte in ganz Spanien.**

Geh den *Carrer de Salomó Ben Adret* weiter bis zum *Carrer de Marlet*. Bieg dort rechts ab und schau dir die Kellerfenster des ersten Hauses auf der rechten Seite an: Hinter den beiden linken Fenstern befindet sich eine

___ ___ ___ ___ ___ ___ ___ ___

O=Y ~~4~~ ~~5~~ ~~2~~ ~~4~~ ~~1~~ ~~5~~

So heißt das Gebetshaus der Juden.

Wahrscheinlich war hier früher die 8 **Hauptsynagoge** des Call (die Forscher sind sich da nicht ganz sicher).

Wenn du möchtest, kannst du die **Synagoge** auch von innen ansehen.
✉ Carrer de Marlet 5
M L4 Jaume I
🕒 Mo–Fr 10.30–18.30 Uhr
(im Winter Mittagspause von 14.30–15.45 Uhr)
So 10.30–15.00 Uhr
€ Eintritt
💻 www.sinagogamayor.com

Geh den *Carrer de Marlet* weiter. Am Haus Nr. 1 siehst du eine 9 **Tafel mit hebräischen Schriftzeichen:** Es handelt sich um die Nachbildung einer mittelalterlichen Tafel, und sie besagt, dass sich hier eine Stiftung befand, die sich um die Armen kümmerte.

Geh den *Carrer de l'Arc de Sant Ramon del Call* nach links, bis du am *Carrer del Call* anstößt, und schau dort nach rechts: Das 10 **Haus Nr. 5** ist auf die römische Mauer gebaut!

Dann geht's den *Carrer del Call* nach links bis zum Ende – dort endete auch der Call.

Jetzt kommst du auf die **Plaça de Sant Jaume.** Auf der rechten Seite steht Barcelonas 11 **Rathaus** (katalanisch: „Ajuntament"). Es wurde im Mittelalter gebaut – auch wenn es nicht so aussieht: Im 19. Jahrhundert wurde der Platz nämlich neu gestaltet, und damals wurde auch die Fassade des Rathauses erneuert. Wenn du links um die Ecke des Rathauses gehst, siehst du noch die ursprüngliche gotische Fassade.

Barcelona ist die Hauptstadt der spanischen Region Katalonien, und gegenüber vom Rathaus befindet sich der 12 **Palast der katalanischen Regionalregierung.**

Gotisches Viertel

Der Ritter mit dem Drachen über dem Tor ist – richtig! – der heilige Georg.

Katalonien war viele Jahrhunderte lang eigenständig. Doch im Jahr 1714 kam es unter die Herrschaft von Philipp V., der alle katalanischen Sonderrechte aufhob. Erst 1977 konnte die katalanische Regionalregierung nach Barcelona zurückkehren und Katalonien bekam wieder das Recht, sich – teilweise – selbst zu verwalten. Vielen Katalanen reicht das aber nicht. Sie wollen, dass Katalonien **ganz unabhängig von Spanien** und **ein eigener Staat** wird. Das erlaubt die spanische Regierung aber nicht, denn Katalonien ist eine sehr reiche Region, die will man nicht hergeben. Außerdem könnten dann ja auch andere Regionen kommen und die Unabhängigkeit wollen! Also wird heftig gestritten, und niemand weiß, wie dieser Streit ausgehen wird.

Übrigens

Vielleicht sind dir schon die **Flaggen der katalanischen Unabhängigkeitsbewegung** aufgefallen – sie hängen von vielen Balkonen.

Kleine Flaggenkunde:

Spanien

Katalonien

katalanische Unabhängigkeitsbewegung

Auch der Regierungspalast stammt aus dem Mittelalter und wurde später umgebaut: Wenn du rechts um die Ecke des Gebäudes gehst, siehst du, an den „neuen“ Palast anschließend, die gotische Fassade – und über dem Tor schon wieder den heiligen Georg.

Von hier aus siehst du auch die **überdachte Brücke** noch einmal, und jetzt siehst du auch, was sie verbindet: den katalanischen Regierungspalast mit dem ehemaligen Domherrenhaus – darin befindet sich nämlich der Wohnsitz des katalanischen Ministerpräsidenten.

Geh wieder zurück auf die *Plaça de Sant Jaume.* Du weißt ja schon, dass der Platz bereits im Mittelalter bebaut war. Aber er ist noch älter – viel älter! Zur Zeit der Römer befand sich hier der **Hauptplatz der römischen Siedlung:** das **Forum.** Auf dem Forum stand auch ein ⑬ **Tempel,** und den (oder besser gesagt: das, was noch von ihm übrig ist) siehst du gleich: Geh in die zweite Gasse rechts vom Regierungspalast, in den *Carrer del Paradis,* und dort in den Innenhof des Hauses Nr. 10.

Augustustempel

✉ Carrer del Paradis 10

M L4 Jaume I

🕒	Mo und Fei	10.00–14.00 Uhr
	Di–Sa	10.00–19.00 Uhr
	So	10.00–20.00 Uhr

€ Eintritt frei

Als das römische Reich zu Ende ging, verlor der Tempel seine Bedeutung, und so wie du das schon bei der römischen Stadtmauer gesehen hast, wurden auch hier neue Häuser an den Tempel gebaut.

Geh den *Carrer del Paradis* weiter. Jetzt kommst du wieder zur **Kathedrale** zurück, und hier siehst du gut, wie massiv sie gebaut ist – sie wirkt wie eine Festung.

Geh nach rechts und dann geradeaus weiter in die *Baixada de Santa Clara*. Sie führt zur letzten Station unserer Tour, der ⑭ **Plaça del Rei** (dem „Platz des Königs"). Im 12. Jahrhundert begann Ramon Berenguer IV., hier seinen **Palast** zu bauen. Seine Nachfolger bauten dazu, und so wurde der Palast immer größer. Hier wohnten und regierten die Könige von Aragonien und Katalonien – bis Prinz Ferdinand im Jahr 1469 Isabella von Kastilien heiratete und in der Folge seinen Königshof von Barcelona ins kastilische Toledo verlegte. Dadurch verlor Barcelona stark an Bedeutung.

Vor dir befindet sich die **Palastkapelle** mit dem achteckigen Kirchturm und links hinter der Treppe der riesige **Festsaal.** Angeblich empfingen Ferdinand und Isabella hier Christoph Kolumbus nach seiner Rückkehr aus Amerika.

Weil Ferdinand nicht mehr von Barcelona aus regierte, setzte er hier einen **Vertreter** ein, und für ihn wurde das Gebäude links vom Festsaal gebaut.

Im Gebäude rechts der Kapelle befindet sich das ⑮ **Museum für Stadtgeschichte.** Es gehört nicht zum Palast und steht auch erst seit dem Jahr 1931 hier. Komisch – es sieht viel älter aus!

Was hat es mit dem Haus auf sich?

A: Es wurde im neugotischen Stil gebaut, damit es zu den anderen Gebäuden auf dem Platz passt.

B: Es ist gotisch, wurde aber von einem anderen Standort hierherversetzt.

C: 2012 fand im Museum eine Ausstellung über die Gotik statt, und die Fassade wurde dafür passend umgestaltet.

Als die Bauarbeiter die Grube für den Keller des Hauses ausbaggerten, stießen sie auf Reste der römischen Siedlung. Für ein Geschichte-Museum war das natürlich ein Glücksfall, und so wurden die Siedlungsreste ins Museum integriert – ein bisschen davon kannst du durch die Kellerfenster sehen.

Wenn du Lust hast, das **Museum für Stadtgeschichte (MUHBA)** anzusehen:

✉ Carrer del Veguer
M L4 Jaume I
🕒 Di–Sa 10.00–19.00, So 10.00–20.00 Uhr
Letzter Einlass 30 Min. vor Schließung.
€ Eintritt (freier Eintritt am ersten So des Monats und jeden So ab 15.00 Uhr)
💻 www.museuhistoria.bcn.cat

Ende

Noch ein Altstadt-Viertel

Start:

Ecke Via Laietana/Carrer de Sant Pere Més Alt

L1, L4 Urquinaoa

Ziel:

Parc de la Ciutadella

L1 Arc de Triomf

L4 Ciutadella Vila Olímpica

→ blaue Kästchen auf den folgenden Seiten

Sant Pere, Santa Caterina i la Ribera (El Born)

Über Sant Pere, Santa Caterina i la Ribera

Barcelonas **Altstadt** (also das Gebiet, das früher von der Stadtmauer umschlossen war) besteht nicht nur aus dem **Gotischen Viertel.** Westlich davon befindet sich das Altstadtviertel **El Raval** (das bedeutet „Vorstadt") und östlich das Viertel, das du dir jetzt ansiehst: **Sant Pere, Santa Caterina i la Ribera.** Es hat seinen Namen von den drei ehemaligen Vororten, aus denen es entstanden ist. (Oft wird Ribera auch **El Born** genannt).

Es geht los!

Die breite Straße ① **Via Laietana** bildet die Grenze zwischen dem Gotischen Viertel und Sant Pere, Santa Caterina i la Ribera. Sie wurde am Anfang des 20. Jahrhunderts gebaut – und dabei machte man keine halben Sachen: Für die Straße und die angrenzenden Häuser wurde eine 80 Meter breite Schneise durch die enge Altstadt geschlagen! Mehr als 2000 Häuser wurden dabei zerstört.

Übrigens

Auch die mittelalterliche **Casa Padellàs** war bei den Bauarbeiten im Weg. Aber statt sie niederzureißen, beschloss man, sie vorsichtig abzubauen und im Gotischen Viertel wiederaufzubauen. Heute ist darin das **Museum für Stadtgeschichte** (→ S. 33) untergebracht.

Du startest im Stadtteil **Sant Pere,** der nach dem Kloster Sant Pere de les Puelles benannt ist. Geh den *Carrer de Sant Pere Més Alt* (die „Obere Gasse von Sant Pere") bis zum auffälligen Gebäude mit den beiden Kuppeln. Es stammt aus der Zeit des **Modernisme** (→ S. 12) und wurde von dem Architekten Lluís **Domènech i Montaner** geplant. Viele meinen, es sei sein schönstes Werk – die UNESCO hat es sogar zum Welt-Kulturerbe (→ S. 55) erklärt.

Du findest hier so ziemlich alles, was für den Modernisme typisch ist: **Mosaike, geschwungene Linien** und **Pflanzenmuster.**

Das Gebäude ist ein Konzertsaal: der ② **Palau de la Música Catalana** („Palast der katalanischen Musik"). Er wurde als Sitz des Katalanischen Chors („Orfeó Català") gebaut: Die Inschrift über dem Eingang weist darauf hin. Und das Mosaik ganz oben zeigt die Sänger und Sängerinnen des Chors – siehst du die Notenblätter in ihren Händen?

Um ein Konzert besuchen zu können, braucht man Eintrittskarten.
Entdeckst du die beiden Ticketschalter?

An der Ecke des Gebäudes siehst du den **heiligen Georg** (→ S. 29): diesmal ohne Drachen, aber dafür mit der katalanischen Flagge.

Noch ein Altstadt-Viertel

Geh in die **Eingangshalle:** Innen ist das Gebäude noch üppiger geschmückt!

Wenn du wieder aus dem Palau herauskommst, dann geh gegenüber vom Eingang in den *Carrer de Verdaguer i Callís.* Folge der Gasse, bis du am *Carrer de Sant Pere Més Baix* (der „Unteren Gasse von Sant Pere") anstößt. Geh dort nach rechts und dann gleich die erste Gasse, den *Carrer de les Beates,* nach links.

Auf Nr. 2 befindet sich die ❸ **Casa dels Entremesos.** Hier kannst du Barcelonas **Giganten** und **Großköpfe** sehen, die Personen aus der Geschichte der Stadt darstellen.

Die Riesen sind bis zu vier Meter groß, die Großköpfe hingegen bestehen (fast) nur aus ihrem Kopf!

La Casa dels Entremesos
✉ Plaça de les Beates 2
Ⓜ L4 Jaume I, L1, L4 Urquinaoa
🕒 Di–Sa 10.00–13.00 und 16.00–19.00 Uhr
So und Fei 11.00–14.00 Uhr
(Wenn geschlossen ist, kannst du trotzdem einige Giganten durch das Fenster sehen.)
€ Eintritt frei
💻 www.lacasadelsentremesos.cat

Jedes Stadtviertel hat seine eigenen Giganten und Großköpfe, und bei Festen werden sie durch die Stadt getragen: Im Inneren der Giganten befindet sich ein Tragegestell – siehst du die Sehschlitze für die Träger?

Geh die Gasse noch ein kurzes Stück weiter, bis du zur *Avinguda de Francesc Cambó* und zum ❹ **Santa-Caterina-Markt** kommst.

Mercat de Santa Caterina
✉ Avinguda de Francesc Cambó 16
Ⓜ L4 Jaume I
🕒 Mo, Mi, Sa 7.30–15.30 Uhr
Di, Do, Fr 7.30–20.30 Uhr
€ Eintritt frei
💻 www.mercatsantacaterina.cat

Die Markthalle wurde vor einiger Zeit modernisiert, und seitdem hat sie das auffällige Dach. Es soll an Antoni **Gaudí** (→ S. 13) erinnern: Barcelonas berühmtesten Architekten. Die bunten Fliesen sollen seine Mosaike symbolisieren, und die Form ähnelt dem Dach der Schule, die er bei der Sagrada Família (→ S. 52) für die Kinder der Arbeiter bauen ließ.

Geh durch den Markt. (Wenn er geschlossen ist, dann geh links vom Markt durch den *Carrer d'en Giralt el Pellisser.*)

Der Markt und der Stadtteil – du bist jetzt in **Santa Caterina** – haben ihren Namen vom Kloster der heiligen Katharina, das sich früher hier befand.
Als der Markt renoviert wurde, stießen die Arbeiter auf **Reste dieses Klosters** (und auch auf ältere Siedlungsreste). Du kannst sie am Ende des Marktes sehen.

Folge am Ende des Platzes links dem *Carrer d'en Giralt el Pellisser* zum *Carrer dels Carders*. Dort geht's nach rechts, dann gleich wieder nach links, über die kleine *Placeta d'en Marcús* und weiter durch den *Carrer de Montcada* zum *Carrer de la Princesa*.

Wenn du dich für Zauberei interessierst, kannst du einen Abstecher nach rechts machen, zum ältesten Zauberladen der Welt: (5) **El Rei de la Màgia**. Dort findest du sicher ein nettes Andenken.

- ✉ Carrer de la Princesa 11
- M L4 Jaume I
- 🕒 Mo–Sa 11.00–14.00 und 16.00–19.30 Uhr
- € Eintritt frei
- 💻 www.elreydelamagia.com

Überquere den *Carrer de la Princesa* und geh den *Carrer de Montcada* weiter.
Dieser Teil des Viertels heißt **La Ribera:** das bedeutet „Das Ufer".
Komisch – hier gibt's aber gar kein Ufer, denn zwischen Ribera und dem Meer liegt noch der Stadtteil **Barceloneta!**

Wie kommt das Viertel dann zu seinem Namen?

A: Früher verlief hier der Kanal Rec Comtal, und der Name Ribera bezieht sich auf das Ufer des Kanals.

B: Früher lag das Viertel direkt am Meer, denn Barceloneta war ursprünglich eine Insel, die später aufgeschüttet und so mit der Stadt verbunden wurde.

C: Ribera ist nicht nach dem Ufer, sondern nach dem Maler Juan Ribera benannt, der hier geboren wurde.

Im Mittelalter siedelten sich in Ribera **Adelige und Kaufleute** an, die durch den Seehandel reich geworden waren. Im **Carrer de Montcada** sind einige ihrer **Paläste** erhalten: Von außen sehen sie massiv und abweisend aus – das ist typisch für die katalanische Gotik (→ S. 12).

Noch ein Altstadt-Viertel

Im Palast auf Nr. 15 (und auch in den vier Nachbarpalästen) befindet sich heute das 6 **Picasso-Museum** (→ S. 75). Praktisch, denn so kannst du in den Innenhof gehen und dir ansehen, wie ein **typischer gotischer Palast** angelegt war.

Öffnungszeiten: → S. 75

Das große Eingangstor führt in den Hof, um den die Räume angeordnet sind: Im Erdgeschoss befanden sich die Geschäfts- und Lagerräume. Eine Treppe führte hinauf zu den Wohnräumen und dem Festsaal im ersten Stock, und darüber befanden sich die Wirtschaftsräume.
Die Fenster sind mit Steinverzierungen geschmückt und der Balkongang im ersten Stock mit Spitzbögen, Säulen und Verzierungen, die wie vierblättrige Kleeblätter aussehen.
Das Regenwasser wird durch Wasserspeier abgeleitet, und weil die Häuser im Mittelalter noch nicht an Wasserleitungen angeschlossen waren, gibt es im Innenhof einen Brunnen.

Geh am Ende des Hofes nach rechts und sieh dir auch die folgenden Höfe an. Im letzten Hof verlässt du das Museum wieder und folgst dann dem *Carrer de Montcada* weiter, der in die *Placeta de Montcada* übergeht. Geh die nächste Gasse, den *Carrer dels Sombrerers,* nach rechts.

Auf der linken Seite siehst du ein besonders großes Gebäude.
Noch ein Palast? – Nein: Diesmal handelt es sich um eine Kirche. (Aber auch sie sieht abweisend und eher wie eine Festung aus.)
Geh weiter zum Kirchenplatz, der *Plaça de Santa Maria,* mit der Kirche 7 **Santa Maria del Mar.**

Basílica de Santa Maria del Mar

✉ Plaça de Santa Maria
M L4 Jaume I
🕒, € Die Kathedrale ist – je nach Tag und Uhrzeit – gratis bzw. mit Eintrittsgebühr zu besichtigen.

Eintritt frei:

Mo–Sa 9.00–13.00, 17.00–20.30 Uhr
So, Fei 10.00–14.00, 17.00–20.30 Uhr

Eintrittsgebühr:

Mo–Sa 13.00–17.00 Uhr
So, Fei 14.00–17.00 Uhr

www.santamariadelmarbarcelona.org

Sant Pere, Santa Caterina i la Ribera (El Born)

Wenn du schon die Tour durchs Gotische Viertel gemacht hast und bei der Kirche Santa Maria del Pi warst, dann siehst du sicher sofort, dass auch Santa Maria del Mar im **gotischen Stil** gebaut ist (sonst lies kurz auf S. 24–25 nach).

Gotik zum Abhaken:
- Spitzbögen ☐
- großes rundes Fenster ☐
- Maßwerk-Verzierungen ☐
- breit gebaut ☐
- achteckige Glockentürme mit flachem Dach ☐

Im Mittelalter gab es ja noch nicht unsere modernen Baumethoden und Maschinen, und deshalb dauerte der Bau von gotischen Kirchen meist mehrere Jahrhunderte. – Aber nicht bei Santa Maria del Mar!

Wenn du die Ziffern 0, 1, 3, 7 und 8 wegstreichst, erfährst du, wie lange der Kirchenbau dauerte:

1038705318873084378 Jahre

Das war für's Mittelalter **rekordmäßig schnell!** Zum Vergleich: Der Bau von Barcelonas Kathedrale dauerte 150 Jahre, und auch an der Sagrada Família (→ S. 52) wird – trotz moderner Maschinen – seit mehr als 130 Jahren gebaut!

Und auch in anderer Hinsicht ist Santa Maria del Mar außergewöhnlich:
Das Viertel war ja durch den Seehandel reich geworden, und die Bewohner wollten nun eine ihrem Wohlstand entsprechende, prächtige Kirche haben. Außerdem wollten sie Gott dafür danken, dass es ihnen so gut ging. (Im Mittelalter spielte die Religion eine viel wichtigere Rolle im Leben der meisten Menschen, als sie es heute tut.)
Und so half das ganze Viertel zusammen: Die Adeligen und reichen Händler übernahmen die Kosten, und die Handwerker – Maurer, Steinmetze, Zimmerleute, Dachdecker, Schmiede, Bildhauer und Glasbläser – sie alle arbeiteten gratis! Und die Lastenträger, die normalerweise die Waren von den Frachtschiffen in die Stadt brachten, schleppten die Steine für die Mauern vom nahen Berg Montjuïc heran.

Sieh dir, wenn du in die Kirche gehst, das Eingangstor genau an.
Entdeckst du die beiden Lastenträger?

Noch ein Altstadt-Viertel

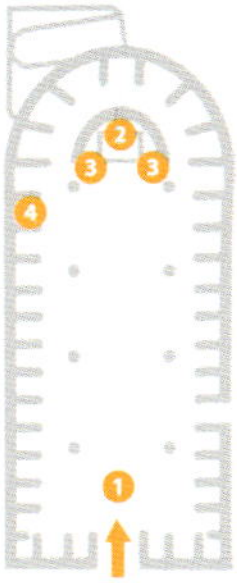

1 Schlussstein mit Wappen
2 Hauptaltar mit Marienstatue
3 Steinreliefs
4 Fenster mit den Arbeitern

Du kommst ins Mittelschiff (den mittleren Längsraum der Kirche), das durch hohe Säulen von den beiden Seitenschiffen abgegrenzt ist. Die Säulen tragen die für die Gotik typischen Kreuzrippengewölbe (→ S. 27) mit bemalten Schlusssteinen. Der 1 **Schlussstein beim Eingang** zeigt das **Stadtwappen von Barcelona.**

Wenn du schon in der Kathedrale warst, fällt dir vielleicht auf, dass der Innenraum von Santa Maria del Mar ganz anders wirkt: In den Seitenkapellen gibt es (mit einer Ausnahme) keine prunkvollen Altäre. Und es gibt auch keinen Chorraum mitten in der Kirche, der die Sicht verstellt – eigentlich wirkt Santa Maria del Mar „leerer" als die Kathedrale.

Warum ist das so?

A: Die Kirche brannte im Spanischen Bürgerkrieg, und dabei wurde der Großteil der Einrichtung zerstört.

B: Die Kunstwerke werden seit mehr als 20 Jahren renoviert (das nervt die Barcelonesen ziemlich)!

C: Im Jahr 2003 wurde in die Kirche eingebrochen, und die Diebe nahmen alle Kunstschätze mit.

Geh zum 2 **Hauptaltar.** Dahinter siehst du eine **Marienstatue** und zu ihren Füßen ein Handelsschiff.
Die Kirche ist nämlich der Gottesmutter **Maria geweiht.** Sehr passend für ein Viertel, das durch den Seehandel reich geworden ist, denn die heilige Maria ist die Schutzpatronin der Seeleute.

Links und rechts der Treppe, die zum Altar führt, befinden sich 3 **zwei Steinreliefs.** Sie zeigen die **Hafenarbeiter:** Links befüllt ein Mann einen Sack, und rechts siehst du zwei Lastenträger mit einem Fass.

Und auch das 4 **Fenster links vom Altar** (es ist durch den Verbindungsgang zwischen den Kapellenwänden nicht ganz zu sehen) zeigt die **Lastenträger.**

Und dann gibt es noch ein **Fenster,** das gar nicht zu den anderen Fenstern passt. Es ist nämlich viel jünger und erinnert an die **Olympischen Spiele,** die 1992 in Barcelona stattfanden.

Entdeckst du es?

Verlass die Kirche und geh links (wenn du nicht in der Kirche warst: rechts) um die Ecke zur 8 **Plaça del Fossar de les Moreres.** „Fossar" bedeutet „Friedhof", denn hier befand sich schon zur Römerzeit ein **Friedhof.**

Später kam der Friedhof zu trauriger Berühmtheit: Katalonien hatte sich im Spanischen Erbfolgekrieg (→ S. 10) auf die Seite der Habsburger und damit gegen die Bourbonen gestellt. Doch die Bourbonen gewannen (noch heute kommen die spanischen Könige aus der Familie Bourbon). Barcelona wurde erobert, und bei dem Versuch, die Stadt zu verteidigen, starben viele Menschen. Sie wurden hier begraben – das moderne Denkmal erinnert daran.

Übrigens

Barcelona musste sich am 11. September 1714 ergeben, und bis heute ist der 11. September der Gedenk- und Nationalfeiertag Kataloniens, an dem die Katalanen dieses traurigen Ereignisses gedenken.
Nach der Eroberung bestrafte der neue König, Philipp V., Katalonien hart: Er hob alle Sonderrechte auf, die Katalonien seit dem Mittelalter gehabt hatte und verbot die katalanische Sprache.

Am Ende des Platzes beginnt der breite *Passeig del Born.* Du befindest dich nämlich jetzt im Stadtteil **El Born,** der ein Teil von Ribera ist. (Oft wird der Name aber auch für das ganze Ribera-Viertel verwendet.)
„Born" bedeutet „Turnierplatz", und im Mittelalter wurden auf dem *Passeig del Born* Ritterturniere abgehalten.

Geh den *Passeig del Born* bis zum Ende. Dort befindet sich das 9 **Kultur- und Erinnerungszentrum El Born.** Früher war das Gebäude eine Markthalle, doch Anfang der 1970er-Jahre wurde die Halle geschlossen. Sie sollte zu einer Bibliothek umgebaut werden.
„Sollte" – denn bei den Bauarbeiten fand man Reste von Häusern und Straßen, die nach der Eroberung von Barcelona 1714 zerstört worden waren.

Warum sind sie zerstört worden?

Philipp V. wollte seine Macht in Barcelona sichern, und deshalb ließ er hier eine **Zitadelle** (eine Festung für seine Armee) errichten. Dass hier mehr als 1000 Häuser standen, interessierte ihn nicht. Sie wurden abgerissen, und die darin lebenden Familien wurden obdachlos.

Für den Bau der Bibliothek hätten die Ausgrabungen wieder zugeschüttet werden müssen. Doch die Barcelonesen wollten an die Siedlung und das den Bewohnern zugefügte Unrecht erinnern. Also änderte man die Pläne, und statt der Bibliothek wurde das Kultur- und Erinnerungszentrum eingerichtet.

El Born Centre de Cultura i Memòria

✉ Plaça Comercial 12

M L4 Barceloneta, Jaume I

März–Okt:	Di–So und Fei	10.00–20.00 Uhr
Nov–Feb:	Di–Sa	10.00–19.00 Uhr
	So und Fei	10.00–20.00 Uhr

€ Eintritt frei

Noch ein Altstadt-Viertel

Sieh dir die Ausgrabungen an und geh, wenn du wieder aus dem El Born Centre herauskommst, rechts (wenn du nicht hineingegangen bist: links) am Gebäude entlang und dann geradeaus weiter den *Carrer del Commerç*. Der vorletzte Stopp der Tour ist ein Museum, das dir sicher gefällt: das ⑩ **Schokoladenmuseum.**

Museu de la Xocolata
✉ Carrer del Comerç 36
Ⓜ L4 Jaume I, L1 Arc de Triomf
🕒 Mo–Sa 10.00–19.00 Uhr
So, Fei 10.00–15.00 Uhr
15. Jun–15. Sept:
Mo–Sa 10.00–20.00 Uhr
So, Fei 10.00–15.00 Uhr
Letzter Einlass 30 Min vor Schließung.
€ Eintritt
💻 www.museuxocolata.cat

Schokolade stammt ursprünglich aus Mittelamerika: Christoph Kolumbus brachte die Kakaobohnen von seiner Amerika-Reise mit nach Spanien.

Übrigens

Unser Wort „Schokolade" kommt von dem aztekischen Wort „Xocoatl", und das bedeutet „bitteres Wasser"! Wieso denn das?
Die Azteken gewannen aus der Frucht des Kakaobaums ein Pulver, das sie mit Wasser, Vanille und Cayennepfeffer vermischten: bitteres Wasser eben. Die Spanier gaben dann Zucker dazu, ließen den Pfeffer weg – und die Schokolade, wie wir sie kennen, war erfunden!

Überquere den *Carrer del Commerç* an der nächsten Kreuzung und geh den *Passeig del Pujades* entlang, der zum Abschluss der Tour zum Zitadellenpark führt.

Als Barcelonas Stadtmauer abgerissen wurde, fiel auch die verhasste Zitadelle: 1868 wurde sie – unter dem Jubel der Barcelonesen – geschleift. Nur drei Gebäude blieben stehen: die Kapelle, der Palast des Gouverneurs und das Waffenlager.
Stattdessen wurde ein Park angelegt: der ⑪ **Zitadellenpark.**

Parc de la Ciutadella
✉ Passeig del Pujades, Passeig de Picasso, Passeig de Circumval·lació, Carrer de Wellington
Ⓜ L1 Arc de Triomf
L4 Ciutadella Vila Olímpica
🕒 täglich 10.00 bis Sonnenuntergang
€ Eintritt frei

Und als einige Jahre später beschlossen wurde, dass im Jahr **1888** die **Weltausstellung** (eine internationale Leistungsschau, bei der viele Länder ihre technischen und künstlerischen Neuheiten zeigen) in Barcelona stattfinden würde, wählte man den Zitadellenpark als Ausstellungsort. Ausstellungsgebäude (die später wieder abgerissen wurden) und andere Bauten wurden extra dafür errichtet.

Heute ist der Park ein beliebter Erholungsort der Barcelonesen – und auch du kannst dich hier von der Tour erholen!

❶ Der **Triumphbogen** war der Eingang ins Weltausstellungsgelände.

❷ Die **Burg der drei Drachen** (Castell dels Tres Dragons) wurde als Restaurant für die Besucher der Weltausstellung gebaut. Sie wurde von Lluís **Domènech i Montaner** geplant, 20 Jahre, bevor er den Palau de la Música Catalana baute. (Heute gehört sie zum Naturwissenschaftlichen Museum und wird seit vielen Jahren renoviert.)

❸ ❹ Auch zwei Gewächshäuser wurden errichtet: ein **Wintergarten** (Hivernacle) und ein **Schattenhaus** (Umbracle).

❺ Das **Geologische Museum** (Museu de Geologia) ist der älteste Museumsbau von Barcelona – und auch dieses Museum wird seit Langem renoviert.

❻ Am riesigen **Wasserfall-Brunnen** (Cascada) arbeitete der damals 21-jährige Antoni Gaudí als Assistent mit.

❼ Das **Mammut** ist ein beliebtes Fotomotiv.

❽ Am **Teich** kann man Ruderboote mieten.

❾ Im **ehemaligen Waffenlager** der Zitadelle hat heute das **Katalanische Parlament** seinen Sitz.

❿ Im **ehemaligen Palast des Gouverneurs** ist eine Schule untergebracht.

⓫ Und auch die **Kapelle** stammt noch aus der Zeit der Zitadelle.

⓬ Im Park gibt es auch einen (eher kleinen) **Zoo** (www.zoobarcelona.cat/en).

Ende

Eixample

Start:
Kreuzung Passeig de Gràcia/Plaça de Catalunya
L1, L3, L6, L7 Catalunya

Ziel:
Kreuzung Passeig de Gràcia/Carrer de Provença
L3, L5 Diagonal
→ blaue Kästchen auf den folgenden Seiten

Über Eixample

Der Bezirk Eixample (das spricht man „Äschamplä" aus) wirkt ganz anders als die Altstadt mit ihrem Gassengewirr. Hier sind die **Straßen breit, lang und gerade** – auf dem Stadtplan sehen sie wie ein regelmäßiges Gitter aus. (Mit zwei Ausnahmen: Die *Avinguda Diagonal* und die *Avinguda Meridiana* verlaufen diagonal zu den übrigen Straßen.)

So sieht Eixample aus der Luft aus.

Warum sehen die beiden Bezirke so unterschiedlich aus?

Die Altstadt hat ihr Aussehen im Laufe vieler Jahrhunderte bekommen, Eixample aber wurde **in einem großen Projekt geplant:** Im 19. Jahrhundert war der Platz in der Altstadt (also innerhalb der Stadtmauer) viel zu eng geworden, und die hygienischen Bedingungen waren sehr schlecht. Endlich, im Jahr 1854, gab die Regierung in Madrid die Erlaubnis zum Abriss der Mauer – nun konnte die Stadt erweitert werden! **Erweiterung** heißt auf Katalanisch **Eixample,** und daher hat das Viertel seinen Namen.
Den Auftrag für die Planung der Stadterweiterung bekam der Bauingenieur Ildefons **Cerdà.** Und er nahm sich viel vor:

Cerdàs Pläne waren großartig – aber sie hatten keine Chance gegen die Grundstücksbesitzer und Bauspekulanten: Die wollten so viel Geld wie möglich verdienen und bebauten viel mehr Fläche als von Cerdà vorgesehen. Dadurch wurden die Innenhöfe kleiner – und schließlich wurden sie sogar ganz verbaut: mit Garagen, Werkstätten und Lagerräumen. Außerdem wurden die Häuser viel höher gebaut als vorgesehen, denn auch so ließ sich (noch) mehr Geld verdienen.

All das führte dazu, dass Eixample nur noch wenig mit den vielversprechenden Plänen von Cerdà zu tun hat. Heute ist es eines der am dichtesten besiedelten Gebiete in Europa!

Es geht los!

Die Tour führt den breiten **Passeig de Gràcia** (sprich: „Pässedsch de Graasiä") entlang, der von der *Plaça de Catalunya* zum Bezirk Gràcia führt.

Hier entstand die **teuerste Wohngegend des Eixample** – denn auch das entwickelte sich nicht so, wie Cerdà es sich vorgestellt hatte: Es entstanden sehr wohl „bessere" und „schlechtere" Wohnviertel. In der Gegend um den *Passeig de Gràcia* stiegen die Wohnungspreise besonders stark, und so konnten es sich nur reiche Barcelonesen leisten, hier zu wohnen.

Die Häuser am *Passeig de Gràcia* wurden von den bekanntesten Architekten gebaut, und weil damals gerade der Kunststil des

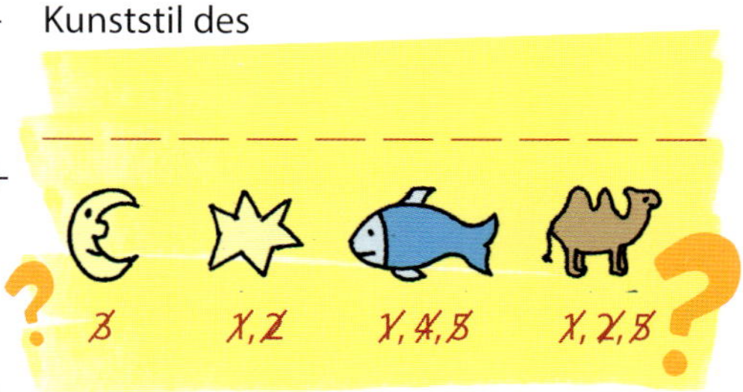

(→ S. 12) modern war, findest du hier viele Häuser, die in diesem Stil gebaut sind.

Schon die ersten Gebäude zeigen deutlich, dass der *Passeig de Gràcia* keine arme Gegend ist. – Er ist übrigens die **eleganteste Einkaufsstraße** in Barcelona: Alle Luxusmarken haben hier ihre Geschäfte.

Achte, wenn du den *Passeig de Gràcia* hinaufgehst, auch auf die **Bänke mit den Straßenlaternen.** Mosaike, Pflanzenmotive, geschwungene Linien und Eisen – das sind alles typische Merkmale des Modernisme.

Überquere die große *Gran Via de les Corts Catalanes* und geh dann die nächste Querstraße, den *Carrer de la Diputació,* nach rechts: Jetzt machst du einen Abstecher ins „normalere" (aber trotzdem noch elegante) Eixample.

Eixample

Schau dir die Häuser an der nächsten Kreuzung an: Ihre Ecken sind „abgeschnitten“, und die Gehsteige folgen dieser Form. (Am *Passeig de Gràcia* sind die Eckhäuser auch abgeschrägt, nicht aber die Gehsteige, und deshalb fällt das dort nicht so auf.) Diese **abgeschrägten Eckhäuser** findest du im ganzen Eixample.

So fällt mehr Licht in die unteren Wohnungen. Und die Fahrzeuge können leichter abbiegen.

Heute ist das für die Autofahrer praktisch – für die Fußgänger ist es aber umständlich, weil sie beim Überqueren der Straße immer einen Umweg zum nächsten Zebrastreifen machen müssen.

Überquere den *Carrer de Pau Claris* und geh ihn nach links. Auf der rechten Seite kommt ein ❶ **Privatweg,** der *Passatge Permanyer.* Er führt mitten **durch einen Häuserblock** – nach Cerdàs Plan sollte hier ein Innenhof sein (die Häuser wurden schon vor Cerdàs Plan gebaut).

Folge dem Weg, der zum *Carrer de Roger de Llúria* führt. (Wenn das Tor versperrt ist, dann geh den *Carrer de Pau Claris* wieder zum *Carrer de la Diputació* zurück und dann nach links bis zur nächsten Gasse, dem *Carrer de Roger de Llúria*).

Überquere die Straße, geh zum Haus Nr. 56 und dort durch den Gang.

🕒 täglich von 10.00 Uhr (oft auch schon früher) bis zum Einbruch der Dunkelheit

Er führt zu ❷ **einem der wenigen Innenhöfe, die nicht der Bauwut zum Opfer gefallen sind:** So würden alle Innenhöfe aussehen, wenn es nach Cerdàs Plan gegangen wäre. – Die Häuser rundherum sind aber (wie überall im Eixample) höher als von Cerdà geplant. Und der Turm ist ein Wasserturm, der die Bewohner früher mit Trinkwasser versorgte.

Geh, wenn du den Innenhof wieder verlassen hast, die Straße weiter nach rechts und bieg an der nächsten Kreuzung links in den *Carrer del Consell de Cent* ein. Geh auf der rechten Straßenseite, bis du wieder zum *Passeig de Gràcia* kommst.

Auf der gegenüberliegenden Straßenseite rechts haben die drei bekanntesten Architekten des Modernisme Häuser errichtet: Antoni **Gaudí,** Josep **Puig i Cadafalch** und Lluís **Domènech i Montaner.**

Die Gebäude zeigen, wie unterschiedlich modernistische Häuser aussehen können – und was sie gemeinsam haben!

Du beginnst bei der 3 **Casa Lleó Morera** (das spricht man „Kaasa Jo Moreera" aus: „Casa" bedeutet „Haus", und „Lleó Morera" ist der Nachname der Erbauerfamilie).
Das Haus wurde von Lluís **Domènech i Montaner** geplant. Das heißt: Hier stand schon ein Haus, aber die Besitzerin fand es zu einfach, und so bekam Domènech i Montaner den Auftrag, es umzubauen. – Und das tat er gründlich! Besonders auffällig ist die Ecke des Hauses mit dem Erker (dem runden, verglasten Vorbau) im ersten Stock und der „Krone" auf dem Dach.

Du findest an dem Haus vieles, was für den **Modernisme** typisch ist: zum Beispiel die **Pflanzenverzierungen.** Viele stellen Maulbeerblüten dar – das hat mit dem **Nachnamen** der Besitzerfamilie zu tun: „Morera" bedeutet nämlich „Maulbeerbaum".

Im Wort „Modernisme" ist „modern" enthalten, und die Auftraggeber modernistischer Häuser zeigten gern, wie **fortschrittlich** sie waren. Auch hier!

Die vier Frauenskulpturen auf den Balkonen im zweiten Stock halten Gegenstände, die den technischen Fortschritt der damaligen Zeit symbolisieren: Von links nach rechts sind das ein Grammophon (der Vorläufer unserer CD-Spieler), eine Glühbirne, ein (leider abgebrochenes) Telefon und eine Kamera (die ein bisschen wie ein Akkordeon aussieht).

Die Balkone sind zum Teil aus **Eisen** geschmiedet, und zwischen den Säulen im Erdgeschoss siehst du ein **Mosaik** mit Maulbeerblüten. Eisen und Mosaike: Auch das sind typische Merkmale des Modernisme.
Wenn du links zum Eingang gehst und ins Treppenhaus schaust, siehst du noch mehr Mosaike.

Drei Häuser weiter befindet sich die 4 **Casa Amatller.** Auch hier handelt es sich um den Umbau eines bereits bestehenden Hauses. Er wurde von Josep **Puig i Cadafalch** durchgeführt, der sich bei seiner Arbeit gern von der **Gotik** inspirieren ließ: So erinnern die Fensterverzierungen an den gotischen Stil, und auch die Form des Daches war in der Gotik verbreitet (allerdings nicht in Katalonien).

Passend zum Modernisme findest du auch hier viele **Pflanzenmuster** und Balkone aus **Eisen.**

Auch **buntes Glas** ist typisch für den Modernisme, und die Balkonfenster im ersten Stock sind oben mit Buntglas abgeschlossen (leider erkennt man das von außen nicht sehr gut).

Ein weiteres Merkmal des Modernisme sind **bunte Keramikfliesen:** Du findest sie am Dachgiebel.

Wie bei der Casa Lleó Morera gibt es auch hier **Anspielungen auf den Namen der Besitzerfamilie:** „Amatller" bedeutet „Mandelbaum", und der rechte Balkon im ersten Stock ist mit Mandelzweigen verziert. Über dem Fenster findest du auch mehrmals den Buchstaben „A" für „Amatller".

Wie du schon bei der Casa Lleó Morera gesehen hast, war die Fotografie damals ganz **modern.** Herr Amatller war Hobbyfotograf, und im Dachgeschoss befand sich sein Fotoatelier.
Schau mal zu den beiden Engeln über der mittleren Balkontür im ersten Stock: Sie halten ein Wappen, auf dem eine Kamera dargestellt ist.

Zur Zeit des Modernisme war es vielen Katalanen wichtig, die Verbundenheit zu ihrer Kultur und Sprache zu zeigen. Ein Symbol dafür war der Schutzheilige Kataloniens: der **heilige Georg** (→ S. 29). Auch hier siehst du ihn: Er kämpft links neben dem Eingang mit dem Drachen.

Herr Amatller war Schokoladenfabrikant, und passend dazu ist in dem Haus ein Café mit einem Schokoladengeschäft untergebracht. – Perfekt, denn so kannst du dir den Eingangsbereich und die Küche des Hauses ansehen, ohne Eintritt zahlen zu müssen. Achte auf die Keramikfliesen, die Mosaike und das bunte Glas!

Wenn du sehr gut englisch sprichst und wissen willst, wie eine reiche Familie früher gewohnt hat, kannst du dir die **Casa Amatller** auch von innen im Rahmen einer Führung ansehen.
✉ Passeig de Gràcia 41
M L2, L3, L4 Passeig de Gràcia
täglich 10.00–18.00 Uhr
€ Eintritt (Eintritt in den Shop frei)
amatller.org

Jetzt fehlt noch der dritte und berühmteste Architekt des Modernisme: **Antoni Gaudí.**
Und hier ist er!
Wieder handelt es sich um einen Umbau eines bereits bestehenden Hauses. Gaudí baute es für Josep Batlló um – deshalb heißt das Haus ⑤ **Casa Batlló.**

Weil du ja schon ein Modernisme-Experte bist: **Suche die folgenden Merkmale:**
- Pflanzenmuster
- Mosaike
- Eisen
- Buntglasfenster

Gaudí war sehr gläubig, und er baute in seine Werke oft **religiöse Symbole** ein: Hier ist es das **Kreuz** auf dem Dach. (Du siehst es am besten, wenn du so weit wie möglich zurückgehst.)

Und Gaudí erinnerte auch an die Legende des heiligen Georg – aber diesmal siehst du nicht Georg, sondern den **Drachen:** Die Mosaikteile der Fassade sollen seine schuppige Haut symbolisieren und das geschwungene Dach mit den glänzenden Dachziegeln seinen Rücken.

Gaudí orientierte sich stets an der **Natur,** und das Haus wirkt dadurch vielleicht ein bisschen unheimlich: Die Säulen im Erdgeschoss und im ersten Stock sehen wie Knochen aus und die Balkone wie Masken oder Totenköpfe. (Manche sagen, dass sie die Schädel der Menschen sind, die von dem Drachen gefressen wurden – iiieehh!).

Gaudí liebte **geschwungene Formen.** Hier gestaltete er die Fassade des Hauses nicht gerade, sondern leicht gewellt!

Wenn du möchtest, kannst du die **Casa Batlló** auch von innen besichtigen – wegen der meist langen Warteschlange solltest du dein Ticket aber schon im Vorhinein online kaufen (dann kostet es auch weniger als am Ticketschalter).
✉ Passeig de Gràcia 43
Ⓜ L2, L3, L4 Passeig de Gràcia
🕒 täglich 9.00–21.00 Uhr
Letzter Einlass 20.00 Uhr.
€ Eintritt
💻 www.casabatllo.es/de

Schau mal auf den Boden: Auch die sechseckigen **Pflastersteine** stammen von Gaudí: Er hatte sie ursprünglich für den Hinterhof der Casa Batlló entworfen. Später ließ Barcelonas Stadtverwaltung den Gehsteig des *Passeig de Gràcia* damit belegen.

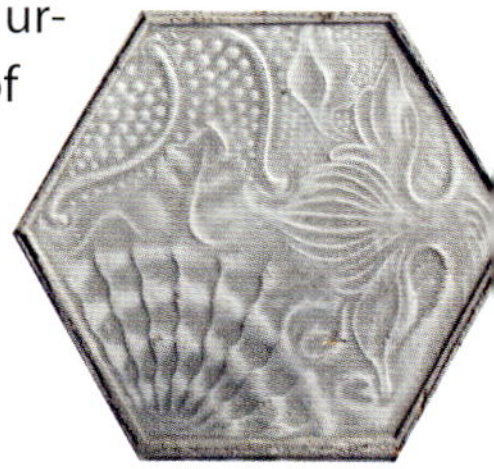

Geh die nächste Querstraße, den *Carrer d'Aragó,* nach links (aber bleib auf dieser Straßenseite). Nicht wundern: Jetzt geht's in den ❻ **Baumarkt!**

Servei Estació, 🕒 Mo–Sa 9.00–21.00 Uhr

Von der Terrasse im 2. Stock kannst du dir nämlich die **Rückseite der Casa Batlló** ansehen: Nicht sehr aufregend, oder? Und die **Casa Amatller** wäre ohne die gotische Verzierung im Erdgeschoss gar nicht zu erkennen.
Hättest du gedacht, dass die Häuser nur auf der Vorderseite so aufwendig gestaltet sind?

Eixample

Wenn du den Baumarkt wieder verlassen hast, dann schau zu dem niedrigen 7 **Ziegelgebäude** auf der gegenüberliegenden Straßenseite.

Es stammt von Lluís **Domènech i Montarer** (dem Architekten der Casa Lleó Morera). Aber es sieht ganz anders aus als die Modernisme-Bauten, die du bis jetzt gesehen hast: Es ist viel kleiner, und die Ziegelsteine, aus denen es gebaut ist, sind nicht verputzt.

Warum ist das so?

Domènech i Montaner war damals noch recht jung und hatte seinen Stil noch nicht so entwickelt – und auch der Modernisme stand damals noch ganz am Anfang.

Außerdem war das Gebäude kein Wohnhaus: Domènech i Montaner baute es für den Verlag seines Onkels: Du findest den Namen „Montaner y Simon" über dem Eingang. Hier wurden also Bücher hergestellt.

Aber auch an diesem Gebäude findest du **Eisen, buntes Glas, Pflanzenverzierungen** und ein Symbol für den **Fortschritt** (die drei Zahnräder über dem mittleren Fenster im ersten Stock).

Heute ist in dem Gebäude ein **Museum** untergebracht, das die Werke des Künstlers Antoni **Tàpies** zeigt. (Auch das „Durcheinander" auf dem Dach, das aus 2500 Metern Draht besteht, stammt von Tàpies. – Falls du dich fragst, was es darstellen soll: Es trägt den Namen „Wolke und Stuhl".)

Geh den *Carrer d'Aragó* wieder zurück zum *Passeig de Gràcia* und dort weiter nach links. Du kommst zur 8 **Casa Milà,** dem letzten Haus, das Antoni **Gaudí** gebaut hat (danach arbeitete er nur noch an der Kirche Sagrada Família → S. 52).

Im Gegensatz zu den drei Wohnhäusern, die du gerade gesehen hast, ist dies aber kein Umbau, sondern Gaudí baute es ganz neu. Den Auftrag hatte er von der Familie Milà bekommen.

Leider waren Herr und Frau Milà mit dem Ergebnis nicht glücklich, und auch viele Barcelonesen konnten mit dem Haus nicht viel anfangen – es war ganz anders als alles, was man damals kannte!

Steinbruch heißt auf Katalanisch „Pedrera", und das Haus bekam wirklich den Spitznamen **La Pedrera.**

Schau mal zum Dach.
Wozu dienen die eigenartigen Gebilde?
A: Sie sind Brotbacköfen und Trockenräume für Wäsche.
B: Es handelt sich um Schornsteine und Lüftungsschächte.
C: Sie dienen als „Vogelscheuchen" und sollen Tauben abhalten.

Auch innen ist das Haus ungewöhnlich. Statt tragender Wände verwendete Gaudí Säulen und Pfeiler – so lassen sich die **Innenwände beliebig verschieben.** Die Zimmer haben **keine geraden Wände oder rechten Winkel,** und als ein Mieter meinte, dass es schwierig sei, ein Klavier in einem runden Raum aufzustellen, soll Gaudí ihm geraten haben, doch lieber Geige zu spielen!

Gaudí baute für das Haus auch die **erste Tiefgarage Barcelonas.** Über eine Rampe konnten die Autos in den Keller fahren.

Auch die **Casa Milà** kann von innen besichtigt werden. Die Warteschlange ist aber meistens sehr lang, und deshalb empfiehlt es sich, die Tickets im Vorhinein online zu kaufen (dann sind sie auch günstiger).

✉ Passeig de Gràcia 92
M **L3, L5** Diagonal
🕒 Jan–Feb täglich 9.00–18.30 Uhr
März–Okt täglich 9.00–20.30 Uhr
Nov–Dez täglich 9.00–18.30 Uhr
Letzter Einlass 30 Min. vor Schließung.
€ Eintritt
💻 www.lapedrera.com/en

Ende

In der Nähe

Am *Passeig de Gràcia 107* befindet sich der ❶ **Palau Robert** mit einem großen Garten und Bänken – perfekt für ein Picknick (geöffnet Mo–Sa 9.00–20.00 Uhr, So und Fei 9.00–14.30 Uhr).

Wenn du Lust hast, kannst du die ❷ **Tour durch den Bezirk Gràcia** (→ S. 67) anschließen: Sie beginnt beim Palau Robert, an der Kreuzung *Passeig de Gràcia/Avinguda Diagonal.*

Die Kirche ❸ **Sagrada Familia** (→ S. 52) ist zwei U-Bahnstationen entfernt. Wenn du sie auch von innen sehen willst, solltest du die Tickets aber schon gekauft haben (→ blaues Kästchen S. 52).

Und falls du zur *Plaça de Catalunya* zurückwillst, empfehlen wir den Rückweg über die parallel zum *Passeig de Gràcia* verlaufende ❹ **Rambla de Catalunya** (→ Plan S. 44).

Sagrada Família

Eingang: Carrer de la Marina 253
Tickets: Carrer de Sardenya 314-320
L2, L5 Sagrada Família

Jan–Feb	tägl. 9.00–18.00 Uhr
März	tägl. 9.00–19.00 Uhr
Apr–Sept	tägl. 9.00–20.00 Uhr
Okt	tägl. 9.00–19.00 Uhr
Nov–Dez	tägl. 9.00–18.00 Uhr

Letzter Einlass 30 Minuten vor Schließung.

€ Eintritt

! Die Warteschlange vor dem Ticketschalter ist meistens SEHR lang, und oft sind schon am Morgen alle Tickets für den Tag ausverkauft. Außerdem ist die Zahl der Besucher begrenzt – du kannst daher meist nicht sofort nach dem Ticketkauf in die Kirche, sondern musst auf deine Eintrittszeit warten.
Deshalb ist es ratsam, die Tickets im Vorhinein auf der Website zu kaufen (dort kosten sie auch weniger als am Ticketschalter).

! Falls du einen der Türme besteigen willst, solltest du das gleich dazubuchen – vor Ort ist es nur möglich, wenn noch Tickets verfügbar sind.

! Die Kirche ist ein Andachtsort. Zutritt deshalb nur mit „angemessener" Kleidung: bedeckte Schultern, keine zu kurzen Shorts oder Röcke.

www.sagradafamilia.org/en

Über die Sagrada Família

Die Kirche **Sagrada Família** ist das **bekannteste Wahrzeichen von Barcelona,** und sie ist auch die meistbesuchte Baustelle der Welt!

Was schätzt du: Wieviele Besucher kommen jedes Jahr hierher?
A: mehr als eine Million
B: mehr als zwei Millionen
C: mehr als drei Millionen

Begonnen hat alles im Jahr 1866: Damals gründete der Barcelonese Josep Maria **Bocabella** die religiöse Gemeinschaft der „Anhänger des heiligen Josef" und beschloss, eine **Kirche für die Heilige Familie** (also Jesus, Maria und Josef) zu bauen, die nur aus Spenden finanziert werden sollte.

Und wieso heißt die Kirche „Sagrada Família"? – Ganz einfach: „Heilige Familie" heißt auf Katalanisch und Spanisch „Sagrada Família".

Mit dem Bau wurde der Architekt Francisco de Paula del Villar beauftragt, und er entwarf die Kirche im Stil der Neugotik (→ S. 12), der damals modern war.

Die neugotische Fassade der Kathedrale von Barcelona – wenn del Villar die Sagrada Família fertiggebaut hätte, würde sie wahrscheinlich ähnlich aussehen.

1882
Der Grundstein für die Sagrada Família wird gelegt.

1883
Antoni Gaudí übernimmt die Bauleitung.

Der Bau begann im Jahr 1882. Doch schon ein Jahr später zerstritt sich del Villar mit Bocabella und legte die Arbeit zurück.

Und jetzt kommt (der damals erst 31 Jahre alte!) **Antoni Gaudí** ins Spiel: Nun beauftragte Bocabella nämlich ihn mit der Bauleitung. Und Gaudí nahm sich vor, die perfekte Kirche zu bauen! Er änderte den Bauplan: Zwar orientierte er sich weiter an der Gotik, aber eigentlich baute er die Kirche im Stil des **Modernisme** (→ S. 12), der damals ganz neu war. Und er nahm sich die **Natur** zum Vorbild.

43 Jahre lang, bis zu seinem Tod im Jahr 1926, leitete Gaudí die Bauarbeiten. Im Lauf der Zeit beschäftigte er sich immer intensiver mit der Kirche (und wurde dabei auch immer religiöser). Ab dem Jahr 1914 arbeitete er an keinem anderen Projekt mehr.

Nach Gaudís Tod gingen die Bauarbeiten nur schleppend weiter. Erst ab der Mitte der 1950er-Jahre wurde wieder richtig weitergebaut. Geplant ist, dass die Kirche **zu Gaudís 100. Todesjahr, im Jahr 2026, fertig** werden soll. Bis dahin ist noch einiges zu tun!

Es geht los!

Der Kirchen-Grundriss (also die Zeichnung der Bodenfläche der Kirche) hat die Form eines riesigen Kreuzes und soll an Jesus' Tod am Kreuz erinnern.

„Oben" ist die Apsis (das ist der halbkreisförmige Raum, der an den Hauptraum anschließt). Für die Außenwände der drei anderen Kreuz-Enden wählte Gaudí wichtige Themen aus Jesus' Leben: seine Geburt und Kindheit (Geburtsfassade), seine Herrlichkeit (Glorienfassade) und die letzten Tage vor seinem Tod (Passionsfassade).

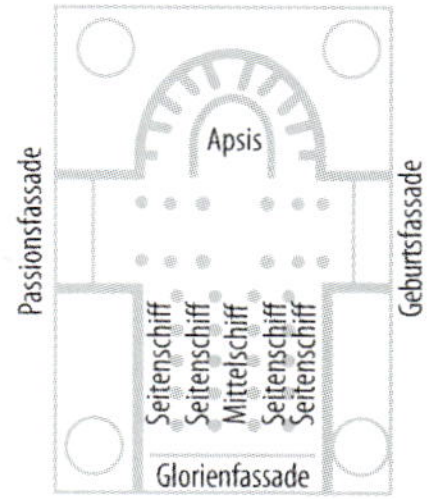

Die Tour beginnt bei der **Geburtsfassade** (beim Eingang zur Kirche).

Del Villar hatte den Kirchenbau mit der Krypta (dem Raum unter dem Hauptaltar) begonnen – logisch, denn man baut ein Gebäude ja von unten nach oben, und die Krypta ist sozusagen der Keller der Kirche. Gaudí baute hier weiter, aber gleichzeitig entwarf er die Kirche ganz neu.
Nach elf Jahren Planung war es dann so weit: Die Bauarbeiten an der Geburtsfassade begannen. (Warum Gaudí ausgerechnet mit dieser Fassade anfing, wirst du später erfahren.)

1926
Gaudí stirbt.

2026
Die Sagrada Família soll fertigwerden.

Sagrada Família

Die Geburtsfassade soll die Freude über Jesus' Geburt ausdrücken und zeigt **Ereignisse aus Jesus' ersten Lebensjahren.**

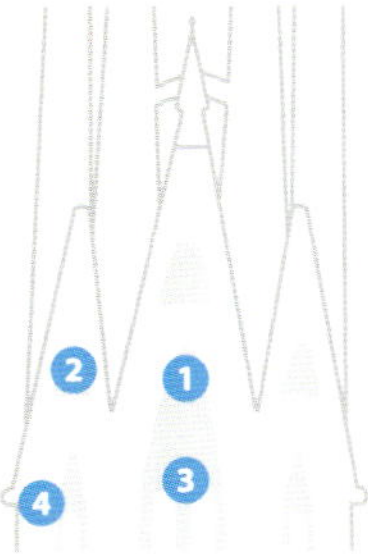

1. Maria und der Erzengel Gabriel
2. Hochzeit von Maria und Josef
3. Jesus' Geburt
4. Die Flucht

1 Alles beginnt damit, dass der Erzengel Gabriel Maria verkündet, dass sie den Sohn Gottes, Jesus, zur Welt bringen wird.

2 Kurz darauf heiraten Maria und ihr Verlobter Josef.

3 In der „Hauptszene" siehst du Maria und Josef mit dem neugeborenen Jesuskind. Ochs und Esel schauen zu, rechts knien die Hirten, links bringen die Heiligen Drei Könige ihre Geschenke, und oben singen und musizieren die Engel.

Auf dem Weg zu Jesus sind die Heiligen Drei Könige bei König Herodes vorbeigekommen, der über Judäa herrscht. Sie haben ihm erzählt, dass sie auf der Suche nach dem neugeborenen König der Juden seien. Da sieht Herodes seine Herrschaft bedroht: ER ist doch der König der Juden!

Und damit ihm dieser neugeborene „König der Juden" nicht gefährlich werden kann, befiehlt er seinen Soldaten, alle kleinen Jungen zu töten!

4 Doch Josef ist von einem Engel gewarnt worden, und so kann die Heilige Familie rechtzeitig fliehen.

Fällt dir auf, dass die Figuren sehr „echt" wirken? – Das war Gaudí nämlich wichtig. Viele der Skulpturen haben Menschen aus seiner Umgebung zum Vorbild. Zuerst ließ er einen Gipsabdruck von ihnen machen, und nach dem wurde dann die jeweilige Figur angefertigt.

Übrigens

Auch der Esel, auf dem Maria mit dem Jesuskind bei der Flucht sitzt, wurde nach einem lebenden Vorbild gestaltet. Und weil Gaudí überprüfen wollte, ob der Esel am vorgesehenen Platz gut wirken würde, ließ er den echten Esel an der Fassade hochziehen!

Dass die **Natur** für Gaudí sehr wichtig war, siehst du auch an der Geburtsfassade: Gaudí stellte darauf unzählige Pflanzen und Tiere dar – es gibt allein 36 verschiedene Vogelarten!

Findest du den grünen „Baum des Lebens" mit den 21 Tauben und die beiden Schildkröten?

Die Geburtsfassade war (abgesehen von der Krypta und der Apsis) der einzige Teil der Kirche, der zu Gaudís Lebzeiten fertig wurde – der Rest wurde zwar von ihm entworfen, aber erst nach seinem Tod gebaut. Deshalb gilt die Geburtsfassade als **Hauptwerk der Kirche.** Die UNESCO nahm sie in ihre Liste des Weltkulturerbes auf.

Übrigens

UNESCO ist die Abkürzung für „**U**nited **N**ations **E**ducational, **S**cientific and **C**ultural **O**rganization" („Organisation der Vereinten Nationen für Erziehung, Wissenschaft und Kultur"), und die UNESCO-Liste des Weltkulturerbes enthält „Stätten, die aufgrund ihrer Einzigartigkeit weltbedeutend sind".
Barcelona ist auf dieser Liste auch mit fünf weiteren Gaudí-Werken und zwei Bauten des ebenfalls im modernistischen Stil bauenden Architekten Lluís Domènech i Montaner vertreten.

Lass die Fassade noch einmal auf dich wirken – einen starken Kontrast dazu wirst du später bei der Passionsfassade sehen.
Und dann geht's in die Kirche!

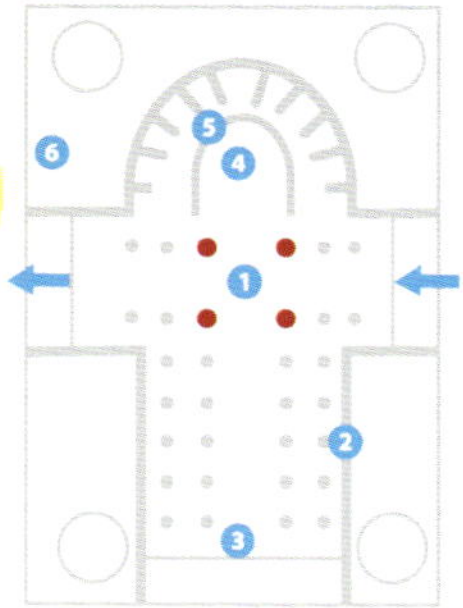

1. vier rötliche Säulen
2. Chor-Tribüne und Seitenfenster
3. Haupteingang
4. Hauptaltar, darunter Krypta
5. „Grab-Fenster"
6. Kreuzgang

Auch hier orientierte sich Gaudí an der **Natur.** Das Innere der Kirche soll nämlich einen **Wald** symbolisieren. Die Säulen stellen die Baumstämme dar – wenn du hinaufschaust, siehst du, dass sie sich oben wie die Äste eines Baumes verzweigen. Und die Gewölbe darüber symbolisieren das Blätterdach, durch das das Sonnenlicht fällt.

Doch der Wald ist nicht nur Dekoration – er hat auch eine Funktion: Gaudí wollte die Sagrada Família nach dem Vorbild gotischer Kirchen sehr hoch bauen.

Sagrada Família

Hohe Wände, dazu ein steiles Dach und Türme – da kommt ziemlich viel Gewicht zusammen, das abgestützt werden muss, damit die Kirche nicht zusammenbricht.
In der Gotik übernahmen Strebebögen und Strebepfeiler diese Aufgabe.

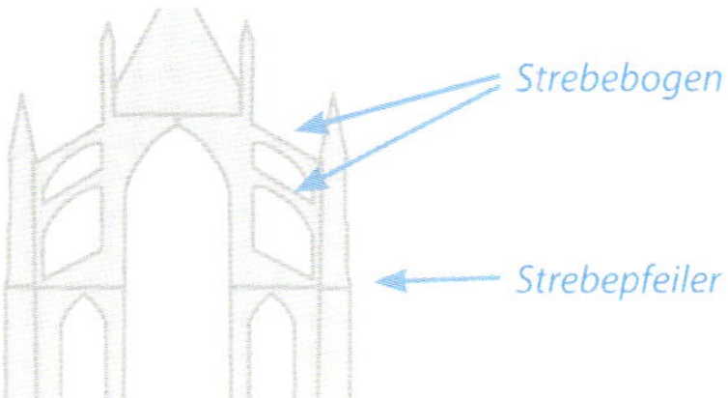

Doch dieses Strebewerk gefiel Gaudí nicht, und so musste er sich etwas anderes einfallen lassen. Er suchte wieder in der Natur nach einer Lösung, und nachdem er lang herumgetüftelt hatte, fand er sie auch: im Wald! Die leicht schrägen „Baum"-Säulen und die davon weggehenden „Äste" stützen das Gewicht des Daches nämlich genauso gut wie das gotische Strebewerk.

Wie in einem echten Wald sind die „Bäume" verschieden hoch und dick, und sie haben unterschiedliche Farben. – Auch das hat nicht nur einen optischen Grund: Die Säulen müssen verschieden viel Gewicht tragen (je nachdem, wie hoch das Dach an dieser Stelle ist und ob bzw. wie hohe Türme sich darüber befinden).
Deshalb sind sie aus unterschiedlichem Stein: Am meisten Gewicht können die ❶ **vier rötlichen Säulen** in der Mitte der Kirche tragen.

Und das müssen sie auch: Über ihnen wird gerade der höchste und schwerste Turm der Kirche gebaut.

Geh „durch den Wald" nach links. Die Säulen teilen die Kirche in fünf Kirchenschiffe (→ Plan S. 53).

In den beiden äußersten Schiffen und an der sie verbindenden Wand baute Gaudí eine erhöhte ❷ **Chor-Tribüne,** die 700 Sängern Platz bietet.

Durch die **Fenster** der Seitenschiffe fällt das Licht in bunten Farben in die Kirche. Für die Ostseite (also dort, wo die Sonne aufgeht) wählte Gaudí die Farben blau und grün, und auf der Westseite überwiegen die Rot-Töne.

Am Ende des Mittelschiffs befindet sich ein ❸ **Tor.** Dahinter, an der Außenseite der Kirchenwand, entsteht gerade die Glorienfassade, und wenn sie fertig ist, wird das Tor der **Haupteingang** der Kirche. (Das Tor der Geburtsfassade, durch das du gerade gekommen bist, ist also eigentlich nur ein „Seiteneingang".)

Vor dem Tor siehst du eine Kopie der Tor-Außenseite mit dem bekanntesten Gebet der Christen: dem **Vaterunser.** Der Text ist katalanisch, aber daneben findest du einen Satz aus dem Gebet in 49 weiteren Sprachen – ein Symbol dafür, dass alle Menschen, egal woher sie kommen und welche Sprache sie sprechen, in der Kirche willkommen sind.

Wie lautet der Satz auf Deutsch? ?

Hier wird man also später einmal die Kirche betreten – und sieht dann gleich zum 4 **Hauptaltar,** zu **Jesus am Kreuz** mit dem Baldachin (das ist das Zierdach über dem Kreuz) und zum **goldenen Dreieck** im Dachgewölbe, das Gott symbolisieren soll.

Unter dem Altar befindet sich ein weiterer Raum: die **Krypta** – links hinter dem Altar kannst du durch Fenster hinuntersehen.
Die Krypta ist der älteste Teil der Kirche und wurde schon von Gaudís Vorgänger del Villar im neugotischen Stil entworfen (die ganze Kirche hätte ja ursprünglich in diesem Stil gebaut werden sollen). Gaudì überarbeitete den Bauplan: Normalerweise ist eine Krypta ganz dunkel, weil sie unterirdisch liegt. Doch Gaudí ließ die Wände höher bauen als ursprünglich vorgesehen, und er fügte Fenster ein: So kommt das Tageslicht aus der Kirche auch in die Krypta.

Gaudí ist in der Krypta bestattet. Du kannst sein Grab durch das 5 **hintere Fenster** sehen: Es handelt sich um den schwarzen Grabstein mit den roten Grablichtern links neben dem Altar.

Übrigens

Am 7. Juni 1926, kurz vor seinem 74. Geburtstag, wurde Antoni Gaudí auf dem Weg zur Sagrada Família von einer Straßenbahn überfahren. Weil er keinen Ausweis dabeihatte und seine Kleidung sehr schäbig war, hielt man ihn für einen Bettler und brachte ihn in ein Armen-Krankenhaus. Drei Tage später starb er.

Gaudí war sehr gläubig gewesen, und vielleicht wird er wegen seines religiösen Lebens sogar seliggesprochen! (Dafür muss man ein besonders vorbildliches Leben geführt haben und ein Wunder bewirken.) Die Untersuchungen dafür laufen jedenfalls, und viele rechnen damit, dass er zu seinem 100. Todestag im Jahr 1926 seliggesprochen wird.

Jetzt verlässt du die Kirche – beim Ausgang geht es aber noch kurz nach rechts in den 6 **Kreuzgang,** der die Kirche umgibt. Du kannst einen Blick in die **Sakristei** werfen, in der die Gegenstände aufbewahrt sind, die während des Gottesdienstes benötigt werden.

Sagrada Família

Durch das Tor, das mit Texten aus Jesus' Leidensgeschichte (seiner „Passion") geschmückt ist, geht es jetzt hinaus zur **Passionsfassade.**

Sie wirkt ganz anders als die fröhliche, reich verzierte Geburtsfassade. Kein Wunder: Sie zeigt die **letzten Tage im Leben von Jesus** und soll die Verzweiflung und den Schmerz über seinen Tod ausdrücken.

Gaudí selbst sagte über die Passionsfassade: „Ich wollte, dass sie Angst macht." Und das war auch der Grund, weshalb der Kirchenbau mit der Geburtsfassade begonnen wurde:

Der Bau der Passionsfassade (und der übrigen Kirche) begann erst nach Gaudís Tod – und er war von einem heftigen Streit begleitet!

Das Problem war nämlich: Gaudí hatte zwar skizziert, wie er sich die Kirche vorstellte, aber er hatte **keine genauen Pläne** gemacht. Noch dazu waren die meisten Skizzen, Pläne und Modelle bei einem Brand während des Spanischen Bürgerkriegs zerstört worden.

Nach dem Krieg hatte man zwar versucht, die Modelle zu restaurieren und die Pläne neu zu zeichnen, aber viele Fragen blieben offen. – Und da ging es nicht um Kleinigkeiten, denn als Gaudí starb, war der Kirchenbau ja noch nicht sehr weit fortgeschritten.

Wie viel Prozent der Kirche waren damals fertig?

A: 10 Prozent

B: 20 Prozent

C: 40 Prozent

Und so meinten viele, dass man den Bau nicht fortsetzen sollte, denn alles Zukünftige wäre nicht mehr das Werk Gaudís, sondern nur die Interpretation späterer Bauleiter.

Andere fanden aber, dass Gaudí wusste, dass er die Kirche nicht fertigbauen würde und dass mehrere Generationen an dem Bau beteiligt sein würden. „Mein Kunde (also Gott) hat keine Eile", soll er auf die Frage nach der Bauzeit gesagt haben.

Wie du siehst, konnten sich die Befürworter des Weiterbaus durchsetzen – kein Wunder, denn auch die Gemeinschaft der Anhänger des heiligen Josef, der die Kirche gehört, war dieser Meinung.

Den Auftrag für den Bau der Passionsfassade erhielt der Bildhauer Josep Maria **Subirachs.** Er gestaltete die Figuren schlicht und kantig.

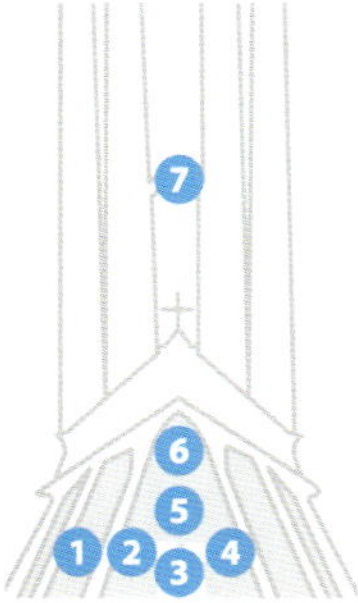

1. Letztes Abendmahl
2. Judas verrät Jesus
3. Jesus gefesselt
4. Die Verleugnung
5. Jesus stürzt
6. Jesus am Kreuz
7. Auferstehung

Jesus' **Leidensgeschichte** beginnt links unten:

1 Am Abend vor seinem Tod sitzen Jesus (links, mit dem Becher in der Hand) und seine Jünger beim Letzten Abendmahl. Jesus sagt voraus, dass einer der Jünger ihn verraten und dem „Hohen Rat“ ausliefern werde. (Er hatte sich wiederholt als Sohn Gottes bezeichnet, und das war in den Augen des Hohen Rates eine Gotteslästerung, auf die die Todesstrafe stand.)
Der Jünger, der Jesus verraten wird, ist Judas (er steht rechts außen).

2 Judas hatte mit den Hohenpriestern vereinbart, dass er Jesus küssen werde, um den Wachen so zu zeigen, wen sie festnehmen sollten.
Bei der Inschrift „Mc. 14,45“ (links von den beiden) handelt es sich übrigens nicht um Geheimzeichen, sondern um einen Hinweis auf die Stelle in der Bibel, wo die Geschichte erzählt wird. Es ist der 45. Abschnitt des 14. Kapitels des Markusevangeliums: „Und als Judas kam, ging er sogleich auf Jesus zu und sagte: Rabbi! Und er küsste ihn.“

Fällt dir etwas an dem „Magischen Quadrat“ auf?

3 Nachdem die Wachen Jesus festgenommen haben, misshandeln sie ihn und fesseln ihn dann.

4 Jesus hatte auch vorhergesagt, dass Petrus ihn in dieser Nacht, noch bevor der Hahn krähen werde, dreimal verleugnen werde. Und wirklich: Dreimal wird Petrus (er sitzt vor den drei Frauen) gefragt, ob er mit Jesus zusammen gewesen sei. Aus Angst streitet er es jedes Mal ab, und in dem Moment, wo er zum dritten Mal leugnet, Jesus zu kennen, kräht der Hahn.

5 Jesus ist zum Tod am Kreuz verurteilt worden. Er muss das Kreuz auf den Hügel tragen, auf dem er gekreuzigt werden soll, und bricht unter der schweren Last zusammen. Daneben zeigt die heilige Veronika das Tuch, mit dem sie Jesus den Schweiß und das Blut vom Gesicht gewischt hat.
In dieser Szene erinnert Subirachs gleich zweimal an Gaudí: Die Helme der Soldaten sehen den Schornsteinen von Gaudís Casa Milà (→ S. 50) ähnlich, und für das Gesicht des Mannes ganz links verwendete Subirachs ein Foto von Gaudí als Vorlage.

6 Über dieser Szene siehst du Jesus am Kreuz.

7 Doch alles hat ein gutes Ende: Jesus ersteht von den Toten auf und schwebt in den Himmel – wenn du bis zur Absperrung zurücktrittst, siehst du ihn oben auf der Brücke zwischen den beiden mittleren Türmen.

Ach ja, die **Türme!** – Momentan hat die Sagrada Família acht Türme: vier an der Passionsfassade und vier an der Geburtsfassade. Zehn Türme werden noch dazukommen, und der höchste wird **172,5 Meter hoch** sein! (Zum Vergleich: Die beiden mittleren Türme der Passionsfassade sind 112 Meter hoch.)

Warum genau 172,5 Meter?

Auch hier orientierte sich Gaudí an der Gotik: Damals baute man Kirchtürme, die – als Verbindung zu Gott – hoch in den Himmel ragten. Dieser Tradition wollte Gaudí folgen und die Sagrada Família zum **höchsten Gebäude von Barcelona** machen.

Aber sie sollte nicht höher werden als Barcelonas Stadtberg, der Montjuïc, denn Gaudí fand, dass ein von Menschen geschaffenes Bauwerk das Werk Gottes nicht überragen sollte. Und weil der Montjuïc 173 Meter hoch ist, plante er die Sagrada Família „nur" 172,5 Meter hoch – das reicht aber noch immer für den **höchsten Kirchturm der Welt!**

Übrigens

Der jetzt höchste und dann zweithöchste Kirchturm der Welt steht in Deutschland: Er ist 161,5 Meter hoch und gehört zum Ulmer Münster. Österreich wird mit dem Wiener Stephansdom (136,4 Meter) dann den achthöchsten Kirchturm haben und die Schweiz mit dem Berner Münster (100,6 Meter) immerhin noch den 70-höchsten.

Rechts neben der Passionsfassade befindet sich ein Gebäude mit gewelltem Dach: Das ist die **Schule,** die Gaudí für die Kinder der Arbeiter bauen ließ.

Wenn du Lust hast, kannst du dir zum Abschluss noch das **Museum** der Sagrada Família ansehen.

Geh, nachdem du das Gelände der Sagrada Família verlassen hast, links (wenn du nicht in der Kirche warst: rechts) um die Kirche herum. Auf dem Weg zur U-Bahnstation kannst du dir am *Carrer de Mallorca* die noch nicht fertige **Glorienfassade** mit dem Vaterunser-Tor ansehen.

Sie wird, wenn sie fertig ist, der **Haupteingang** der Kirche sein und soll den **Weg des Menschen zum ewigen Leben** symbolisieren: den Tod und das Jüngste Gericht, bei dem die Menschen ins Paradies oder in die Hölle geschickt werden – je nachdem, wie sie gelebt haben. Am auffälligsten werden wohl die 16 verschieden hohen und großen „Laternentürme" werden, die an Trompeten oder Orgelpfeifen erinnern. Und darüber werden beleuchtete Wolken schweben.

So oder so ähnlich stellte sich Gaudí die Glorienfassade vor – genau wissen wir das nicht, denn auch die Pläne für diese Fassade sind bei dem Feuer verbrannt und wurden später von einem Mitarbeiter Gaudís nachgezeichnet.

Bis zur Fertigstellung der Sagrada Família muss allerdings noch ein Problem gelöst werden: Vor dem Haupteingang hatte Gaudí einen großen Platz geplant. Doch in den 1950er-Jahren (damals glaubte niemand, dass die Kirche je fertiggebaut werden würde) verkaufte der Bürgermeister von Barcelona das dafür vorgesehene Grundstück (hinter dir), und heute stehen darauf Häuser.

Wird die Stadt das Grundstück zurückkaufen oder auf diesen Teil von Gaudís Plan verzichten?

Das weiß man noch nicht – es bleibt also spannend ...

Ende

In der Nähe

Für eine Pause bieten sich die beiden **Parks** bei der Sagrada Família an. (Der Park bei der Geburtsfassade hat einen Spielplatz für Kleinkinder, der bei der Passionsfassade einen für ältere Kinder.)

Wenn du an der Ecke Geburtsfassade/Apsis die *Avinguda de Gaudí* bis zum Ende gehst, kommst du nach circa 15 Minuten zum **ehemaligen Krankenhaus Santa Creu i Sant Pau,** das von dem bekannten Modernisme-Architekten Lluís Domènech i Montaner gebaut wurde (von ihm stammt auch der Palau de la Música Catalana). Es galt damals als modernstes und schönstes Krankenhaus in ganz Europa.

✉ Carrer de Sant Antoni Maria Claret 167
M **L5** Sant Pau – Dos de Maig
🕒 Mo–Sa 9.30–17.30 Uhr
(Apr–Okt –19.00 Uhr)
So und Fei 9.30–15.00 Uhr
Letzter Einlass 30 Minuten vor Schließung.
€ Eintritt (freier Eintritt an jedem ersten So im Monat)
💻 www.santpaubarcelona.org

Park Güell

✉ Carrer d'Olot (Haupteingang)

L3 Lesseps; Der Weg von der U-Bahnstation zum Park dauert circa 20 Minuten und ist ziemlich anstrengend, weil es bergauf geht: Geh zuerst die Travessera de Dalt und dann links die Avinguda del Santuari de Sant Josep de la Muntanya (Rolltreppen erleichtern den Aufstieg ein wenig).

116 Olot-Mariano; Auf der Hinfahrt kannst du bei der U-Bahnstation Joanic (L4) zusteigen. Nimm dort den Ausgang Escorial: Der Bus hält im Carrer de l'Escorial rechts bei Hausnr. 20. Auf der Rückfahrt hält der Bus bei der U-Bahnstation Lesseps **(L3).** Am Wochenende fährt der Bus leider nicht sehr oft: Sa ca. alle 25 Minuten, So und Fei alle 25–45 Minuten.

24 Ramiro de Maeztu; Der Bus hält in der Nähe des Seiteneingangs des Parks und fährt zur Plaça de Catalunya **(L1, L3, L6, L7).**

Bus Güell Park Güell; Wenn du im Vorhinein online ein Ticket für die Zona Monumental kaufst, kannst du mit dem Shuttlebus von der U-Bahnstation Alfons X (L4) zum Seiteneingang des Parks fahren (im Preis inkludiert).

Park:
6.00–23.00 Uhr

Zona Monumental:

Jan–Mitte Feb	8.30–18.15 Uhr
Mitte Feb–Ende März	8.30–19.00 Uhr
Ende März–Ende Apr	8.00–20.30 Uhr
Ende Apr–Ende Aug	8.00–21.30 Uhr
Ende Aug–Ende Okt	8.00–20.30 Uhr
Ende Okt–Dez	8.30–18.15 Uhr

Letzter Einlass 1 Stunde vor Schließung.
Die Öffnungszeiten können sich kurzfristig ändern.

€ **Park:** Eintritt frei
Zona Monumental: Eintritt

! Die Warteschlange vor dem Ticketstand ist oft lang, und es kann sein, dass schon am Morgen alle Tickets für den Tag ausverkauft sind. Außerdem ist die Zahl der Besucher begrenzt – du kannst daher meist nicht sofort nach dem Ticketkauf in die Zona Monumental gehen, sondern musst auf deine Eintrittszeit warten. Deshalb empfiehlt es sich, die Tickets im Vorhinein auf der Website zu kaufen (dort kosten sie auch etwas weniger als am Ticketschalter).

! Vor der Öffnung der Zona Monumental (also vor 8.00 bzw. 8.30 Uhr) ist der Zutritt gratis – du kannst dann auch nach Beginn der Öffnungszeit in der Zona Monumental bleiben. Und auch 15–30 Minuten nach der Schließung der Zona Monumental ist der Zutritt kostenlos (aber da ist es meist schon dunkel).

www.parkguell.barcelona

Zona Monumental
Der Zutritt zum Park Güell ist kostenlos, aber für die Zona Monumental (das ist der Teil des Parks, der die Besucher am meisten interessiert) muss man Eintritt zahlen.
Den Großteil der Zona Monumental kannst du aber – aus einiger Entfernung – auch vom ehemaligen Haupteingang im Carrer d'Olot bzw. vom oberen Ende der Zona Monumental sehen. Und falls du Frühaufsteher bist: Bevor die Zona Monumental öffnet, ist der Zugang gratis → Tipp im blauen Kästchen.

Über den Park Güell

Der Unternehmer Eusebi **Güell** hatte eine Idee: Er wollte eine **Wohnsiedlung im Grünen** anlegen, mit Baugrundstücken, die verkauft werden sollten. Mit der Planung beauftragte er den Architekten Antoni **Gaudí.**

Doch es gab ein Problem: Die reichen Barcelonesen (und reich musste man sein, denn die Grundstücke waren sehr teuer) interessierten sich nicht für die Siedlung. Für sie war das Gebiet zu weit vom Stadtzentrum entfernt. So konnte nur ein einziges der 60 Grundstücke verkauft werden!

Letztendlich brach Eusebi Güell das Projekt ab. Nach seinem Tod verkauften die Erben die Siedlung an die Stadt Barcelona, und die machte sie als Park für alle zugänglich.

Übrigens

Eusebi **Güell** konnte den finanziellen Verlust gut verschmerzen, denn er war **SEHR reich** – heute wäre sein Vermögen umgerechnet 70 Milliarden Euro wert! Und er war **der wichtigste Auftraggeber für Antoni Gaudí** – die beiden waren eine perfekte Kombination: Güell war sehr kunstinteressiert, und Gaudí hatte in ihm einen Förderer gefunden, mit dessen Hilfe er seine Ideen umsetzen konnte. Kein Wunder, dass die beiden auch Freunde wurden!

Es geht los!

Der Park ist von einer **Mauer** umgeben. Sie ist mit **Mosaiken aus Keramik** geschmückt, und diese Mosaiktechnik nennt man

/

__ __ __ __ __ __ __ __ __

Das kommt vom katalanischen Wort „trencar" und bedeutet „zerbrechen". Für Trencadís werden nämlich Fliesen zerbrochen und die Scherben zu neuen Mustern zusammengesetzt.

Im Modernisme (→ S. 12) waren Trencadís-Mosaike sehr beliebt. Die Technik hat gleich mehrere Vorteile:

• Man kann damit ganz unterschiedliche Muster machen.
• Trencadís-Mosaike sind billig, denn man kann dafür auch Fliesenreste und beschädigte Fliesen verwenden.
• Mit Trencadís lassen sich auch gewölbte Oberflächen bekleben, man muss also keine speziellen Fliesen anfertigen (auch das spart Kosten).

Links und rechts neben dem ehemaligen Haupteingang (der heute als Ausgang verwendet wird), stehen ① **zwei Häuschen.** Sie sehen wie Lebkuchenhäuser aus!

1900
Die Bauarbeiten beginnen.

1914
Das Projekt wird abgebrochen.

1926
Der Park wird öffentlich zugänglich gemacht.

Park Güell

Das rechte Haus war als Dienstwohnung für den Hausmeister vorgesehen und das linke für die Parkverwaltung.

Du siehst an den Häusern einiges, was für Gaudí typisch ist:

• Die **Natur** war ihm immer sehr wichtig, und das sieht man auch hier: Die Wände der beiden Häuser sind aus Naturstein, und der Schornstein des rechten Hauses stellt einen Fliegenpilz dar.

• Gaudí war – so wie auch Güell – sehr gläubig, und er baute oft **religiöse Symbole** in seine Werke ein: Hier hat das rechte Haus ein Kreuz im oberen Fenster, und auch der Turm des linken Hauses trägt ein Kreuz.

• Die Häuser sind mit **Trencadís** verziert – an den Dächern siehst du, wie gut das auch bei gebogenen Flächen funktioniert. Und nicht nur Fliesen wurden für Trencadís-Mosaike verwendet: Die Tupfen des Fliegenpilzes sind umgedrehte Tassen!

• Wenn du ein Ticket für die Zona Monumental hast, dann kannst du dir das Folgende auch von dort ansehen.

Geh dafür rechts an der Mauer entlang zum heutigen Parkeingang. Der Eingang zur Zona Monumental befindet sich links hinter dem Eingang.

• Wenn du nicht in die Zona Monumental gehst, dann sieh dir das Folgende von hier aus an.

Hinter dem Eingang siehst du eine große ❷ **Treppe,** die auch mit Trencadís verziert ist, und auf der Treppe drei **Brunnen.** Der mittlere Brunnen ist mit dem **Wappen Kataloniens** verziert: Gaudí und Güell waren nämlich glühende Patrioten (das heißt, dass ihnen ihre Heimat Katalonien sehr wichtig war).

Der oberste Brunnen ist mit einem kleinen **Drachen** geschmückt (der aber eher wie ein Salamander aussieht). Vielleicht soll auch er eine Anspielung auf Katalonien sein, denn der heilige Georg, der einen Drachen getötet haben soll, ist der Schutzpatron Kataloniens.
Vom Eingang ist der Drache leider fast nicht zu sehen. So sieht er aus:

Links hinter der Treppe befindet sich ein ③ **rosa Gebäude:** Hier wohnte Eusebi Güell. Das Haus gab es schon vor der Errichtung der Siedlung, und Gaudí baute es für Güell um. Heute befindet sich darin eine Schule.

Die Treppe führt zur ④ **Säulenhalle,** die für den Markt der Siedlung vorgesehen war.

Das Dach ist innen mit vier Sonnen-Mosaiken verziert, die die vier Jahreszeiten symbolisieren. In den Trencadís-Mosaiken sind auch Teller, Tassen, Flaschen und Gläser verarbeitet!

In den Säulen befinden sich Rohre.

Wozu dienen die Rohre?

A: Wenn es regnet, wird das Regenwasser vom Dach der Säulenhalle durch die Rohre in ein Becken geleitet, das sich unter der Halle befindet.

B: Die Marktleute konnten durch die Rohre Waren vom Dach in die Halle befördern (auf dem Dach war das Lager des Marktes geplant).

C: Die Rohre verbessern die Tragfähigkeit der Säulen, und Gaudí konnte so auch Baumaterial sparen.

Hinter der Säulenhalle führen zwei Treppen zu dem **großen Platz,** der auf dem Dach der Halle angelegt ist.

- **Wenn du in der Zona Monumental bist,** dann geh die Treppe hinauf.

- **Wenn du nicht in der Zona Monumental bist,** dann geh rechts an der Mauer zum heutigen Parkeingang und dann zum oberen Ende der Zona Monumental. Von dort aus kannst du den Platz auch sehen.

Der Platz war als Treffpunkt für die Bewohner der Siedlung gedacht. Von hier aus hat man einen tollen Blick auf Barcelona und Gaudís berühmte Kirche **Sagrada Família.**

Der Großteil des Platzes ist von einer **langen, geschwungenen Bank** umgeben. Auch sie ist mit Trencadís-Mosaiken geschmückt – und auch hier sind wieder Flaschen und Geschirr verarbeitet!

An der Rückwand der Bank läuft unten ein halbiertes Rohr entlang. Es ist nicht nur Zierde: Gaudí überlegte nämlich, wie er die Bank bequem gestalten könne und baute das Rohr als Stütze für die Lendenwirbelsäule ein.
Heute ist das nichts Besonderes, aber zu Gaudís Zeiten machte sich darüber noch niemand Gedanken!

Angeblich musste sich ein junger Arbeiter nackt auf ein noch weiches Gipsmodell der Bank setzen, und nach diesem Abdruck brachte Gaudí dann das Rohr an.

Auf der Bergseite wird der Platz von einer **Wand** abgeschlossen, die Gaudí mit **künstlichen Palmen** verzierte.

Außerhalb der Zona Monumental

Damit die Bewohner zu ihren Häusern gelangen konnten, brauchte man Straßen. Gaudí entwarf ausgeklügelte **Viadukte** (das sind erhöhte Straßen), die von schrägen Säulen gestützt werden. Das war doppelt praktisch: Auf den Viadukten konnten Kutschen und Autos fahren, und in den Säulengängen darunter waren die Fußgänger vor Sonne und Regen geschützt.

Weil das Gelände sehr steil ist, verlaufen die Viadukte in Kurven. Gaudí wollte, dass sie so natürlich wie möglich aussehen. Deshalb ließ er sie mit Kalkstein verputzen und integrierte sie so in den Park, dass man manchmal nur schwer erkennen kann, was „echt" ist, und was von Gaudí stammt.

In der Nähe des Platzes befindet sich die rosa 5 **Casa Gaudí.** Das Haus wurde von einem Mitarbeiter Gaudís entworfen und diente als Musterhaus für Interessenten. Weil aber auch dieses Haus keinen Käufer fand, kaufte Gaudí es und zog dort ein. Heute ist darin ein kleines Gaudí-Museum untergebracht (Infos: www.sagradafamilia.org/en/gaudi-house-museum).

Große Steinkugeln führen vom Haus weg – Gaudí und Güell waren ja sehr religiös, und die Kugeln symbolisieren die Perlen eines Rosenkranzes. (Ein Rosenkranz ist eine Kette mit Perlen und einem Kreuz. Er wird für das Rosenkranzgebet verwendet, bei dem man für jede Perle ein Gebet spricht.) Gaudí ging regelmäßig diesen **Rosenkranz-Weg** und betete bei jeder Kugel.

Wenn du fit bist, kannst du den Kugeln folgen und dort, wo sie enden, den Weg weiter hinaufgehen. Der Weg ist aber steil, und du brauchst circa 15 Minuten, bis du an seinem Ende ankommst: dem 6 **Hügel der drei Kreuze** (Turó de les Tres Creus). Das ist der höchste Platz des Parks mit einem großartigen Ausblick. Von hier siehst du auch zum einzigen Grundstück des Parks, das verkauft wurde – besser gesagt: zu dem Haus, das darauf gebaut wurde: der 7 **Casa Trias.**

Ende

Start:
Kreuzung Passeig de Gràcia/ Avinguda Diagonal
L3, L5 Diagonal
Ziel:
Carrer de les Carolines
L3 Fontana

→ blaues Kästchen auf S. 70

Über Gràcia

Gràcia (das spricht man „Graasiä" aus) ist einer von Barcelonas zehn Bezirken – und zwar der kleinste.

Lange Zeit war es ein Dorf nördlich von Barcelona, denn Barcelona bestand ja viele Jahrhunderte lang nur aus der heutigen Altstadt.

Doch als im 19. Jahrhundert immer mehr Menschen in die Stadt kamen, weil es hier Arbeit gab, wurde der Platz knapp. Nachdem die Stadtmauer abgerissen worden war, wurde die Stadterweiterung Eixample (→ S. 44) gebaut. Doch auch sie bot nicht genug Platz für die vielen Menschen, und so wurde die Stadtgrenze im Jahr **1897** noch einmal verschoben: Damals wurde Gràcia (gemeinsam mit anderen Vororten) **eingemeindet.**

Die Mieten waren günstig, und deshalb wohnten hier vor allem Arbeiter. Später zogen vermehrt junge Familien, Studenten, Künstler und Ausländer hierher, und Gràcia entwickelte sich zu einem trendigen Stadtteil.

Es gibt hier zwar „Sehenswürdiges", aber keine großen Sehenswürdigkeiten (und daher auch weniger Touristen) – hierher kommt man, um die Stimmung auf den vielen Plätzen zu genießen und vielleicht etwas zu essen. Wenn du darauf Lust hast, ist diese Tour richtig für dich!

Gràcia

Es geht los!

Die Tour beginnt am nördlichen Ende des **Passeig de Gràcia** (→ S. 45), der Gràcia mit der *Plaça de Catalunya* und der Altstadt verbindet. Geh das letzte Stück der Straße auf dem begrünten Mittelstreifen entlang.

Der Unternehmer Mariano Fuster hatte Geld. SEHR VIEL Geld. Und er wollte seiner Frau ein richtig tolles Geschenk machen.

Am *Passeig de Gràcia 132* kannst du sein „Geschenk", die ❶ **Casa Fuster,** bewundern.

Geld spielte wie gesagt keine Rolle, und so beauftragte Herr Fuster den bekannten Modernisme-Architekten Lluís **Domènech i Montaner** (von ihm stammt auch die Casa Lleó Morera → S. 47 am *Passeig de Gràcia* und der Palau de la Música Catalana → S. 35).

Auch die Baumaterialien waren natürlich nur die allerbesten, und so erzählten die Barcelonesen bald, dass die Casa Fuster das teuerste Haus von Barcelona sei.

Wie es für den Modernisme typisch ist, findest du hier viele Pflanzenverzierungen. Und damit jeder sehen konnte, dass das Haus ein Geschenk an seine Frau war, ließ Herr Fuster ein Fenster mit den Buchstaben „CF" anbringen: den Initialen seiner Frau (ihr Vorname war Consuelo).

Entdeckst du es?
(Kleiner Tipp: Das Haus hat mehrere Seiten!)

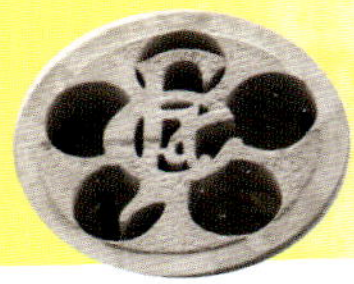

Doch obwohl Herr Fuster so reich war, hatte er sich mit dem Haus übernommen. Zehn Jahre später musste die Familie es wieder verkaufen.
40 Jahre später wollte der neue Besitzer das Haus abreißen lassen. Doch die Barcelonesen protestierten dagegen und konnten den Abriss so verhindern. Und im Jahr 2000 wurde das Haus dann zu einem Luxushotel umgebaut.

An den *Passeig de Gràcia* schließt die Hauptstraße des Bezirks an: der *Carrer Gran de Gràcia.* Geh in die dritte Gasse auf der rechten Seite, den *Carrer de Goya.* – Jetzt beginnt das „Plätze-Hopping", denn die Gasse führt zum ersten Platz der Tour, zur ❷ **Plaça de la Vila de Gràcia.** Früher, als Gràcia noch eine eigenständige Gemeinde war, war dies der Hauptplatz. Der **Uhrturm** ist das Wahrzeichen von Gràcia, und das Haus mit der Nummer 2 war früher das Rathaus – heute ist darin die Bezirksverwaltung untergebracht.

Wenn sie geöffnet ist, kannst du im Eingangsbereich die **Giganten** (→ S. 36) von Gràcia ansehen. Auch den Uhrturm findest du hier!

Geh gegenüber der Bezirksverwaltung rechts durch den *Carrer del Penedès* mit seinen Orangenbäumen und an der nächsten Kreuzung nach links durch den *Carrer de Martinez de la Rosa.* Überquere die *Travessera de Gràcia* und folge dem *Carrer del Canó,* der zum nächsten Platz, der 3 **Plaça del Sol,** führt.

Überquere den Platz mit den vielen Lokalen und geh am Ende rechts in den *Carrer del Planeta,* der zum *Carrer del Torrent de l'Olla* führt. Dort geht's nach rechts und die nächste Quergasse, den *Carrer de Ramón y Cajal,* nach links. Du kommst zur 4 **Plaça de la Revolució de Setembre de 1868.**

Übrigens

Die Bewohner von Gràcia feiern jedes Jahr in der Woche ab dem 15. August die **Festa Major de Gràcia.** Dann werden die Straßen fantasievoll geschmückt, und die schönste Straße bekommt einen Preis. Die Giganten ziehen durch den Bezirk, und auf der *Plaça de la Vila de Gràcia* werden die berühmten Menschentürme („Castells") gebaut (→ S. 26).

Auf dem Platz befinden sich zwei Bilder, die dieses Fest zeigen. **Entdeckst du sie?** ? ?

Geh auf der gegenüberliegenden Seite des Platzes den schattigen *Carrer de Verdi* entlang und bieg die dritte Gasse, den *Carrer de l'Or,* rechts ab. Geh zur idyllischen 5 **Plaça de la Virreina** mit der Kirche Sant Joan de Gràcia.

Weiter geht's links vor der Kirche in den *Carrer d'Astúries.* Wie die „neuen" Bewohner von Gràcia – Familien, Studenten, Künstler und Ausländer – das Viertel verändert haben, siehst du hier an den vielen Biogeschäften und Alternativläden. Die Gasse führt wieder zu Gràcias Hauptstraße, dem *Carrer Gran de Gràcia,* zurück.

Zum Abschluss der Tour siehst du noch ein Haus von Antoni **Gaudí.** Geh dafür den *Carrer Gran de Gràcia* nach rechts und dann die zweite Gasse, den *Carrer de les Carolines,* nach links. Auf der rechten Seite kommt die 6 **Casa Vicens,** die Gaudí für den Börsenmakler Manuel Vicens i Montaner gebaut hat.

Das Haus sieht ganz anders aus als zum Beispiel die Sagrada Família, die Casa Milà oder die Casa Batlló – so „normal".

Warum ist das so?

Ganz einfach: Die Casa Vicens war das erste Haus, das Gaudí baute: Damals hatte er gerade erst sein Architektur-Studium abgeschlossen. Den für ihn typischen, ausgefallenen Stil entwickelte er erst langsam im Lauf seiner Berufstätigkeit.

Schau mal:

• Die Fassade ist mit bunten **Fliesen** verziert – die Fliesen sind aber nicht, wie wir das von Gaudís späteren Werken kennen, zerbrochen und zu Mosaiken zusammengesetzt.

• Die **Natur** spielte für Gaudí schon am Anfang seines Berufslebens eine wichtige Rolle: Das Haus ist mit zahlreichen **Pflanzendekorationen** geschmückt. Viele Fliesen zeigen gelbe **Blumen** – vor dem Baubeginn blühten auf dem Grundstück nämlich gelbe Ringelblumen, und Gaudí wollte so an sie erinnern.

• Auch der kunstvoll geschmiedete Gartenzaun mit den **Palmblättern** soll an die Palmen erinnern, die für den Hausbau gefällt werden mussten.

• Du siehst an dem Haus vor allem **gerade Linien** – das ist ein großer Unterschied zu Gaudís späteren Werken, bei denen er vor allem mit geschwungenen Formen arbeitete.

Übrigens

Ursprünglich war das Haus wesentlich kleiner. Als der Besitzer 40 Jahre später das Nachbargrundstück dazukaufte, bat er Gaudí, das Haus zu vergrößern. Doch der lehnte ab: Er arbeitete damals nur noch an der Sagrada Família. Deshalb übernahm ein anderer Architekt den Auftrag – und weil der Anbau zum „alten" Haus passen sollte, baute er ihn in Gaudís Stil.

Ob das gelungen ist, kannst du selbst beurteilen: **Was, glaubst du, ist von Gaudí, und was wurde später dazugebaut?**

Wenn du möchtest, kannst du die **Casa Vicens** auch von innen besichtigen.

✉ Carrer de les Carolines 20

Ⓜ **L3** Fontana

Okt–März	Mo	10.00–15.00 Uhr
	Di–So	10.00–19.00 Uhr
Apr-Sept	täglich	10.00–20.00 Uhr

Kassenschluss 1 Std. vor Schließung, das Gebäude muss 10–15 Min. vor Schließung verlassen werden.

€ Eintritt

www.casavicens.org

Ende

In der Nähe

Wenn du noch fit bist und Lust hast, dir den **Park Güell** (→ S. 62) anzusehen, der ebenfalls von Antoni Gaudí geplant wurde: Am Carrer Gran de Gràcia (→ Plan S. 67) hält der Bus Nr. 24, der zu einem Seiteneingang des Parks fährt.

Start:
Plaça d'Espanya
L1, L3, L8 Espanya
Ziel:
Parc de Montjuïc
L1, L3, L8 Espanya
→ blaue und türkises Kästchen auf den folgenden Seiten
Parc de Joan Miró
Gran Via de les Corts Catalanes
Pl. d'Espanya
Espanya
Av. del Paral·lel
Av. de la Reina Maria Cristina
Av. de Rius i Taulet
Av. Francesc Ferrer i Guàrdia
Av. dels Montanyans
P. de Santa Madrona
Av. Miramar
Av. de l'Estadi
P. Olímpic
C. Doctor Font i Quer

Montjuïc

Über den Montjuïc

Der Montjuïc (das spricht man „Mundschuik“ aus) ist **einer der beiden Hausberge** von Barcelona (der andere ist der Tibidabo) – na ja, eigentlich ist er eher ein „Haushügel“, denn er ist nicht sehr hoch.

Wenn du alle geraden Ziffern wegstreichst, erfährst du, wie hoch der Montjuïc ist.

224186427848632868 Meter

Im Jahr **1929** veranstaltete Barcelona schon zum zweiten Mal eine **Weltausstellung** (die erste hatte 1888 im Zitadellenpark stattgefunden → S. 42). Diesmal wählte man den nördlichen Hang des Montjuïc als Ausstellungsort. Die Stadt war ja eng bebaut – hier aber war genug Platz für die Ausstellungspavillons. Zusätzlich wurden große Parks neu angelegt.

63 Jahre später, im Jahr **1992,** fanden die **Olympischen Sommerspiele** in Barcelona statt – und auch dafür wurde der Montjuïc ausgesucht. Das Stadion, das schon für die Weltausstellung errichtet worden war, wurde umgebaut, und zusätzliche Sportstätten wurden errichtet.

Heute ist der Montjuïc mit seinen Parks, Sportanlagen und Museen ein **beliebtes Ausflugsziel** der Barcelonesen.

Es geht los!

Am Beginn der Tour machst du einen Abstecher zu dem ❶ **runden Gebäude** auf der *Plaça d'Espanya.*

Es wurde schon vor der Weltausstellung gebaut und war bis zum Jahr 1977 eine **Stierkampfarena.** Seit 2012 ist der Stierkampf in Katalonien verboten, und die Arena wurde zu einem Einkaufszentrum umgebaut.
Ab 10 Uhr bringt ein Aufzug Besucher aufs Dach, von dem man einen schönen Blick auf das Weltausstellungsgelände und die Stadt hat. (Mit der Rolltreppe im Einkaufszentrum – ebenfalls ab 10 Uhr – ist dieser Blick gratis.)

Hinter dem Einkaufszentrum befindet sich der ❷ **Parc de Joan Miró** mit Mirós 22 Meter hoher Statue **Frau und Vogel** (du siehst die Statue auch vom Dach des Einkaufszentrums).

Warst du schon auf der Rambla?
So wie das Miró-Mosaik dort ist auch „Frau und Vogel" ein **Teil des dreiteiligen Kunstwerks,** das alle Besucher Barcelonas willkommen heißt: Hier werden die Gäste, die auf dem Landweg kommen, begrüßt (in der Nähe befindet sich nämlich der Hauptbahnhof von Barcelona).

Und wo steht der dritte Teil des Kunstwerks?
A: auf dem Flughafen
B: auf dem Berg Montserrat
C: am Fluss Llobregat

Jetzt geht es zum Weltausstellungsgelände! Die riesige **Plaça d'Espanya** wurde extra für die Weltausstellung angelegt, und die 3 **beiden Türme** bildeten den Eingang ins Ausstellungsgelände (so wie der Triumphbogen im Zitadellenpark bei der Weltausstellung von 1888).

Übrigens

Das Vorbild für die Türme war der Campanile des Markusdoms von Venedig.

Wenn du das Weltausstellungsgelände betrittst, gehst du an den Wasserbecken vorbei, die am Abend Teil der Brunnenshow sind, und an den Ausstellungspavillons, die auch heute noch für Messen genutzt werden.

Über die Rolltreppe geht's zum 4 **Magischen Brunnen** – das heißt: „Magisch" ist er nur am Abend, denn dann wird er in bunten Farben beleuchtet. 2600 Liter Wasser pro Sekunde schießen dann bis zu 53 Meter hoch aus mehr als 3600 Düsen, und dazu ertönt Musik: ein kitschig-schönes Spektakel!

Magischer Brunnen (Font Màgica)
Plaça de Carles Buïgas
M L1, L3, L8 Espanya

Jan–Feb	geschlossen	
März	Do–Sa	20.00–21.00 Uhr
Apr–Mai	Do–Sa	21.00–22.00 Uhr
Jun–Sept	Mi–So	21.30–22.30 Uhr
Okt	Do–Sa	21.00–22.00 Uhr
Nov–Dez	Do–Sa	20.00–21.00 Uhr

€ Eintritt frei
barcelona.cat/en/what-to-do-in-bcn/magic-fountain

Auch der Magische Brunnen wurde für die Weltausstellung errichtet und sollte die Besucher überraschen und beeindrucken. Mehr als 3000 Bauarbeiter waren ein Jahr beschäftigt, damit der Brunnen pünktlich zur Weltausstellung fertig wurde. Damals soll er in zwei Stunden mehr Wasser verbraucht haben als Barcelona an einem ganzen Tag! (Heute wird das Wasser natürlich wiederverwendet.)

Montjuïc

Hinter dem Brunnen siehst du das größte Gebäude der Weltausstellung: den 5 **Nationalpalast** mit der damals größten Kuppel Spaniens und einem Festsaal für 20.000 Gäste!
Während der Weltausstellung wurde hier spanische Kunst gezeigt, und heute ist darin das **Museum für katalanische Kunst** untergebracht.

Museu Nacional d'Art de Catalunya (MNAC)
Parc de Montjuïc
M L1, L3, L8 Espanya
Di–Sa 10.00–18.00 Uhr
(Mai–Sept bis 20.00 Uhr)
So und Fei 10.00–15.00 Uhr
Letzter Einlass 30 Min vor Schließung.
Die Räume müssen 15 Min vor Schließung verlassen werden.
€ Eintritt
! Für Jugendliche unter 16 Jahren ist der Eintritt frei.
Jeden Sa ist der Eintritt für alle Besucher ab 15.00 Uhr und jeden 1. So im Monat ganztägig frei.
www.museunacional.cat

Und dorthin gehst du zum Abschluss der Tour. (Auch für das oberste Stück gibt es – ganz links und ganz rechts – Rolltreppen.) Oben angekommen hast du (vor allem links vom Museum) einen tollen Blick über Barcelona!

Ende

In der Nähe

(1 2 3 4 5 → Plan S. 71)

Wenn du dich für die Olympischen Spiele von 1992 interessiert, kannst du zum 1 **Olympischen Ring** und dem 2 **Olympiastadion** in der Avinguda de l'Estadi marschieren.

Falls du an einem Samstag, Sonntag oder Feiertag hier bist: An diesen Tagen ist von 10.00–15.00 Uhr der Park Joan Maragall geöffnet, und in ihm befindet sich der 3 **Palauet Albéniz**, in dem die spanische Königsfamilie wohnt, wenn sie in Barcelona ist.

Für Miró-Fans gibt es das 4 **Miró-Museum** (Fundació Joan Miró) in der Avinguda Miramar.
Di–Sa 10.00–18.00 Uhr (Apr–Okt bis 20.00 Uhr)
So 10.00–15.00 Uhr (Apr–Okt bis 18.00 Uhr)
Weitere Infos: www.fmirobcn.org/en

Und wenn du keine Höhenangst hast und noch fit bist, kannst du vom Miró-Museum circa 20 Minuten zur 5 **Seilbahn Aeri del Port** gehen, die vom Montjuïc ins Stadtviertel Barceloneta fährt.

Jan–Feb	11.00–17.30 Uhr
März–Mai	10.30–19.00 Uhr
Jun–Mitte Sept	10.30–20.00 Uhr
Mitte Sept–Okt	10.30–19.00 Uhr
Nov–Dez	11.00–17.30 Uhr

Leider meist Wartezeiten.
Weitere Infos: www.telefericodebarcelona.com

Strand, Picasso-Museum, FC Barcelona

Barcelona liegt am Mittelmeer, und an den mehr als 4,5 Kilometer langen **Stränden** kannst du schwimmen, Beachvolleyball spielen, Sandburgen bauen oder einfach in der Sonne liegen!

Übrigens

Barcelonas Strände sind ein Freizeitparadies und die Wasserqualität ist hervorragend. – Aber das war nicht immer so: Früher war die Strandgegend ziemlich heruntergekommen, und Fabriken leiteten ihre Abwässer ins Meer. Erst für die Olympischen Sommerspiele 1992 wurde das Viertel saniert und die Sandstrände wurden angelegt.

Strand (Platja)
M L4 Barceloneta, Ciutadella Vila Olímpica
€ Eintritt frei

Wahrscheinlich kennst du Bilder von Pablo Picasso – das **Picasso-Museum** zeigt auch Werke, die er als Jugendlicher gemalt hat: Sie sind ganz naturalistisch, und es ist spannend zu sehen, wie er seinen charakteristischen Stil entwickelt hat.

Museu Picasso
Carrer de Montcada 15-23
M L4 Jaume I
Mitte März–Okt:
Mo 10.00–17.00 Uhr
Di–So 9.00–20.30 Uhr
Do –21.30 Uhr
Nov–Mitte März:
Di–So 9.00–19.00 Uhr
Do –21.30 Uhr
Letzter Einlass 30 Min vor Schließung.
€ Eintritt (Kinder unter 18 Jahren gratis)
! Die Warteschlange vor dem Ticketschalter ist meistens sehr lang, außerdem ist die Anzahl der Besucher begrenzt. Am besten kaufst du dein Ticket deshalb im Vorhinein auf der Website.
! Jeden Do ab 18.00 Uhr und jeden ersten So im Monat ganztägig ist der Eintritt für alle gratis. Unbedingt online Karten reservieren (4 Tage im Voraus möglich).
www.museupicasso.bcn.cat

Der **FC Barcelona,** kurz **Barça,** ist mit mehr als 170.000 Mitgliedern der größte Fußballverein weltweit!
Seine Fans werden „Culers" genannt – das bedeutet „Ärsche"! (Im alten Stadion saßen die Zuschauer der letzten Reihe auf der Stadionmauer, und so sah man von außen eben ihre …)
Barças Heimstadion **Camp Nou** ist mit 99.354 Plätzen das größte Fußballstadion Europas. Und das angeschlossene Museum ist nach dem Picasso-Museum das meistbesuchte Museum Barcelonas!

Barça Stadium Tour & Museum
Carrer d'Arístides Maillol, Avinguda de Joan XVIII
M L3 Palau Reial, Les Corts
L5 Collblanc, Badal
Mitte Apr–Mitte Okt:
täglich 9.30–19.30 Uhr
Mitte Okt–Mitte Apr:
Mo–Sa 10.00–18.30 Uhr
So 10.00–14.30 Uhr
(an Spieltagen keine Stadionbesichtigung)
€ Eintritt (online günstiger)
www.fcbarcelona.cat

Ein bisschen Spanisch und Katalanisch

Katalanisch und Spanisch sind die beiden Amtssprachen (→ S. 7) in Katalonien. Katalanisch überwiegt (viele Schilder sind zum Beispiel nur katalanisch beschriftet) – das bringt Probleme für die vielen Zuwanderer, die oft kein Katalanisch verstehen. Aber als Tourist kommst du auch mit Spanisch gut zurecht.

Aussprache Spanisch

c vor **a, o** und **u** wie **k**
c vor **e** und **i** wie das **englische th**
ch wie **tsch**
g vor **e** und **i** wie **ch** in „**Bach**"
gue, gui wie **ge, gi**
h ist **stumm**
j wie **ch** in „**Bach**"
ll wie **j**
ñ wie **nj**
que, qui wie **ke, ki**
y wie **j**
z wie das **englische th**

Aussprache Katalanisch

c vor **a, o** und **u** wie **k**
c vor **e** und **i** wie **s**
ç wie **s**
g vor **e** und **i** wie **sch**
gue, gui wie **ge, gi**
h ist **stumm**
ig wie **tsch**
j wie **weiches sch**
ll wie **j**
l·l wie **l**
ny wie **nj**
que, qui wie **ke, ki**
tg, tj wie **dsch**
x wie **sch** (aber bei „Taxi" wie x)

Das Wichtigste	**Spanisch**	**Katalanisch**
Hallo.	*Hola.*	*Hola.*
Guten Tag. (bis ca. 14 Uhr)	*Buenos días.*	*Bon dia.*
Guten Tag. (ab ca. 14 Uhr)	*Buenas tardes.*	*Bona tarda.*
Gute Nacht.	*Buenas noches.*	*Bona nit.*
Auf Wiedersehen./Tschüss.	*Adiós.*	*Adéu.*
ja	*sí*	*sí*
nein	*no*	*no*
bitte	*por favor*	*si us plau*
Danke.	*Gracias.*	*Gràcies.*
Entschuldigung.	*Perdón.*	*Perdo.*

Wochentage		
Montag	*lunes*	*dilluns*
Dienstag	*martes*	*dimarts*
Mittwoch	*miércoles*	*dimecres*
Donnerstag	*jueves*	*dijous*
Freitag	*viernes*	*divendres*
Samstag	*sábado*	*dissabte*
Sonntag	*domingo*	*diumenge*

Dies und das	Spanisch	Katalanisch
Ich möchte …	*Quisiera …*	*Voldria …*
Wie viel kostet das?	*Cuánto cuesta?*	*Quant costa això?*
Wo ist …?	*Dónde esta …?*	*On és …?*
Strand	*playa*	*platja*
Museum	*museo*	*museu*
Kirche	*iglesia*	*església*
Hotel	*hotel*	*hotel*
Haltestelle	*parada*	*parada*
Toilette	*lavabo*	*lavabo*
Handy	*móvil*	*mòbil*
gestern	*ayer*	*ahir*
heute	*hoy*	*avui*
morgen	*mañana*	*demà*
offen	*abierto*	*obert*
geschlossen	*cerrado*	*tancat*
groß	*grande*	*gran*
klein	*pequeño*	*petit*
rechts	*a la derecha*	*a la dreta*
links	*a la izquierda*	*a l'esquerra*

Damit du nicht verhungerst		
essen	*comer*	*menjar*
trinken	*beber*	*beure*
Brot	*pan*	*pa*
Teigwaren	*pasta*	*pasta*
Reis	*arroz*	*arròs*
Kartoffeln	*patatas*	*patates*
Eis	*helado*	*gelat*
Mineralwasser	*agua mineral*	*aigua mineral*
mit Kohlensäure	*con gas*	*amb gas*
ohne Kohlens.	*sin gas*	*sense gas*
Saft	zumo	suc
Milch	leche	llet
Glas	vaso	got
Flasche	botella	ampolla

Zahlen		
0	cero	zero
1	uno	un
2	dos	dos
3	tres	tres
4	cuatro	quatre
5	cinco	cinc
6	seis	sis
7	siete	set
8	ocho	vuit
9	nueve	nou
10	diez	deu
11	once	onze
12	doce	dotze
13	trece	tretze
14	catorce	catorze
15	quince	qinze
16	dieciséis	setze
17	diecisiete	disset
18	dieciocho	divuit
19	diecinueve	dinou
20	veinte	vint
21	veintiuno	vin-i-un
22	veintidós	vint-i-dos
23	veintitrés	vint-i-tres
30	treinta	trenta
40	cuarenta	quaranta
50	cincuenta	cinquanta
60	sesenta	seixanta
70	setenta	setanta
80	ochenta	vuitanta
90	noventa	noranta
100	cien/ciento	cent
200	doscientos	dos-cents
1000	mil	mil
2000	dos mil	dos mil

In Barcelonas Zoo ist ein Löwe gestorben. Der Zoo ist klein und hat kein Geld für einen neuen Löwen, und so stellt der Zoodirektor Pau als „Löwen" an. Er bekommt ein Löwenkostüm und kommt in den Löwenkäfig.
Eines Tages vergisst der Tierpfleger, die Tür zum Nachbarkäfig zu schließen, und ein anderer Löwe nähert sich. Pau gerät in Panik, doch da zischt der andere Löwe: „Sei bloß still, sonst sind wir beide unseren Job los!"

Im Aquarium von Barcelona sieht Mia, wie ein Tierpfleger etwas ins Becken schüttet. Sie fragt, und der Pfleger erklärt: „Das sind Wasserflöhe."
Darauf Mia: „Das ist aber gemein! Die Fische können sich ja nicht kratzen!"

Ana sagt am Boqueria-Markt zur Marktfrau: „Sie haben sich gestern beim Herausgeben um fünf Euro geirrt."
Die Marktfrau schimpft: „Da könnte ja jeder kommen! Das hättest du gleich sagen müssen!"
„Okay", antwortet Ana, „kein Problem. Dann behalte ich das Geld eben."

Cristina und Lluís fahren mit dem Tandem auf den Montjuïc. Oben angekommen ist Cristina, die vorn saß, vollkommen erschöpft: „Puh, war das anstrengend!"
„Ja," bestätigt Lluís. „Zum Glück habe ich den ganzen Weg gebremst, damit wir nicht auch noch zurückrollen."

Jordi und Josep sind im Parc de la Ciutadella. Plötzlich sagt Josep „Hier bleiben wir. Das ist der perfekte Platz für ein Picknick. Darauf Jordi: „Sicher. Zehn Millionen Ameisen können nicht irren!"

Luisa fragt in der U-Bahn ein anderes Mädchen: „Wo muss ich denn aussteigen, um zum Strand zu kommen?"
Das Mädchen antwortet hilfsbereit: „Achte einfach auf mich. Du musst drei Stationen vor mir aussteigen!"

Sofia kommt am Abend erschöpft vom Strand zurück. „Ich wollte heute das Wellenreiten ausprobieren. Aber dieser blöde Gaul wollte keinen einzigen Schritt ins Wasser machen!"

Der Vater will Francesc motivieren: „Wenn du deine Hausaufgaben machst, kaufe ich dir ein Ticket für das Spiel Barcelona gegen Real Madrid." – Darauf Francesc: „Und wenn das Spiel schon ausverkauft ist? Dann habe ich die Hausaufgaben ja umsonst gemacht!"

Lionel Messi wird gefragt: "Finden Sie es eigentlich in Ordnung, dass Sie mehr verdienen als der Ministerpräsident?" "Klar! Haben Sie den schon einmal Fußball spielen gesehen?"

Nachdem der FC Barcelona ein Spiel verloren hat, geht Llorenc zum Schiedsrichter und fragt ihn: „Wie heißt denn Ihr Hund?"
„Hund? Welcher Hund? Ich habe keinen Hund", wundert sich der Schiedsrichter.
„Ach, Sie Armer! Blind und keinen Hund!", sagt da Llorenc.

Der Erzbischof von Barcelona kommt zum Gottesdienst in die Kathedrale. Aber niemand ist da. Nicht einmal der Orgelspieler. – „Wer spielt denn heute?", fragt er verwundert den Mesner.
„Barcelona gegen Chelsea", kommt die Antwort.

Sagt der Zahnarzt zum Patienten: „Könnten Sie bitte laut schreien?"
„Warum?", fragt der Patient verwundert.
„Um 20 Uhr beginnt das Fußballspiel Barcelona gegen Bayern München, und das Wartezimmer ist noch ganz voll."

Die Katalanen gelten als geizig:

Ein Katalane fragt einen Taxifahrer: „Wieviel kostet die Fahrt zum Bahnhof?"
„Vierzig Euro." – „Und meine Koffer?"
„Die kosten nichts."
„Dann fahren Sie bitte meine Koffer zum Bahnhof. Ich gehe zu Fuß."

Sagt ein Katalane stolz zum anderen: „Unser Hund bringt jeden Morgen die Zeitung!" – „Aber das ist doch nichts Besonderes?" – „Doch, wir haben nämlich gar keine Zeitung abonniert!"

Zeugnistag in Katalonien. Nuria kommt nach Hause und sagt zu ihren Eltern: „Ich habe eine gute Nachricht: Fürs nächste Schuljahr müsst ihr mir keine neuen Bücher kaufen."

Ein Katalane zum anderen: „Wollen wir in den Zoo gehen? Da haben sie jetzt eine Riesenschlange."
Darauf der andere: „Ach was! Ich habe eine Lupe. Mit der können wir uns im Garten einen Regenwurm anschauen."

2. Advent in Katalonien

Barcelona-Quiz

Wenn du die richtigen Buchstaben an den vorgesehenen Stellen einsetzt, erhältst du den Lösungssatz.

Finde die folgenden Begriffe und streiche sie durch. Schreib dann den Buchstaben des ersten und des letzten freien Kästchens an die Stelle **4** und **13** des Lösungssatzes.

- Alter Hafen
- Boqueria
- Casa Milà
- Eixample
- FC Barcelona
- Gaudí
- Giganten
- Gotisches Viertel
- Gràcia
- Kathedrale
- Magischer Brunnen
- Menschentürme
- Miró
- Montjuïc
- Park Güell
- Picasso
- Rambla
- Sagrada Família
- Sardana
- Stadtmauer
- Strand
- Zitadellenpark

D	E	M	R	Ü	T	N	E	H	C	S	N	E	M	P
I	S	A	N	O	L	E	C	R	A	B	C	F	I	E
L	R	A	G	I	G	A	N	T	E	N	S	C	R	N
E	Z	T	R	N	E	T	N	L	E	R	A	T	A	E
T	I	B	A	D	R	H	A	U	R	S	A	R	L	N
R	T	O	G	O	A	P	L	N	S	L	S	E	T	N
E	A	Q	S	R	J	N	G	O	B	A	X	U	E	U
I	D	U	R	F	À	S	A	M	S	E	T	A	R	R
V	E	E	D	K	U	C	A	R	O	P	N	M	H	B
S	L	R	U	N	D	R	I	M	H	E	G	T	A	R
E	L	I	N	I	A	L	R	A	I	A	L	D	F	E
H	E	A	H	R	R	R	E	A	U	R	R	A	E	H
C	N	B	E	I	S	L	T	D	N	E	Ó	T	N	C
S	P	C	A	N	P	B	Í	S	X	I	T	S	Z	S
I	A	I	E	M	S	À	L	I	M	A	S	A	C	I
T	R	E	A	M	O	N	T	J	U	Ï	C	A	Q	G
O	K	X	L	L	E	Ü	G	K	R	A	P	I	S	A
G	I	K	A	T	H	E	D	R	A	L	E	P	D	M
E	A	I	L	Í	M	A	F	A	D	A	R	G	A	S

Wer gründete Barcelona? **5**

die Katalanen .... EN
die Römer .... ER
die Mallorquiner .... ES

Wer ist Barcelonas Schutzpatron? **11**

der heilige Ferdinand .... EN
der heilige Georg .... ER
der heilige Bartholomäus .... ES

Und wie nannten sie ihre Siedlung? **7**

Barceló .... EN
Barcino .... ER
Barca Roma Nova .... ES

Wie viele Einwohner hat Barcelona? **14**

900.000 .... EN
1,6 Millionen .... ER
2,9 Millionen .... ES

In welchem Stil ist ein großer Teil der Altstadt gebaut? 1
Gotik .... EN
Neugotik .... ER
Modernisme .... ES

Wie heißt Barcelonas bekannteste Fußgängerzone? 17
Rambla .... NIE
Corso .... EIN
Canal Grande .... OFT

Wie heißt die katalanische Variante des Jugendstils? 15
Modern Style .... NIE
Modernisme .... EIN
Secession .... OFT

Was ist Eixample? 8
Altstadtviertel .... NIE
Stadterweiterungsbezirk .... EIN
Hafengegend .... OFT

Wie heißt Barcelonas berühmtester Architekt? 3
Antoni Gaudí .... WE
Miguel de Cervantes .... RN
Santiago Calatrava .... ER

Und wie heißt sein berühmtestes Bauwerk? 6
Casa Gaudí .... ROM
Sagrada Família .... IST
Palau de la Música Catalana .... ALT

Was sollte der Park Güell werden? 2
ein Erholungsort für Priester .... O
ein Erlebnispark .... R
eine Wohnsiedlung im Grünen .... T

Welcher Sport begeistert die Barcelonesen besonders? 12
Schifahren .... T
Fußball .... O
Tischtennis .... R

Welches Großereignis fand gleich zweimal in Barcelona statt? 16
Fußball-WM-Finale .... AB
Klimawandel-Treffen .... SA
Weltausstellung .... GE

Welche ist KEINE offizielle Amtssprache in Barcelona? 9
Spanisch .... M
Englisch I
Katalanisch X

Was möchte Barcelona von Spanien? 10
die Unabhängigkeit .... RR
einen zweiten Flugplatz .... SS
mehr Geld für Umweltschutz .... TT

Lösungssatz:
Das sagte der Direktor von Barcelonas Architekturschule über Antoni Gaudí, nachdem dieser das Architektur-Diplom erhalten hatte:

___ ___ ___ ___ ___ ______
1 2 3 4 5 6

___ ______ ___ ___ ___
7 8 9 10 11

___ ___ ___ ______ ___ ___.
12 13 14 15 16 17

Lösungen

Seite 13:

Seite 15: sandiges Flussbett

Seite 16:

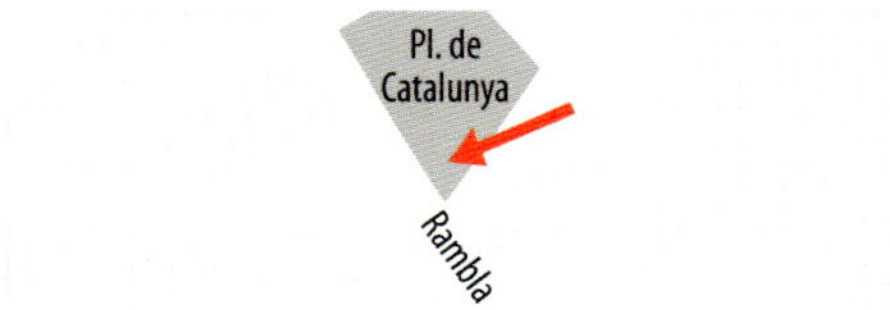

Antwort C

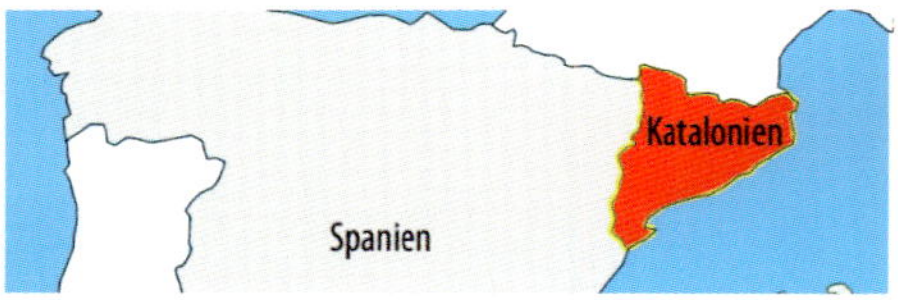

Seite 17: Antwort C

Seite 19:

Seite 20:
Die Initialen befinden sich über den beiden Eingangstüren.

Seite 21: Antwort C.
Falls dich das wundert: Viele glauben, dass Kolumbus nach Amerika zeigt – aber dann müsste er Richtung Stadt zeigen, denn in dieser Richtung liegt Amerika. Weil das komisch ausgesehen hätte, ließ man ihn stattdessen Richtung Meer zeigen – das passt ja auch, weil er übers Meer gesegelt ist. Und wenn du seinem Finger folgen würdest, kämst du eben nach Algerien.

Seite 23: Antwort A

Seite 24:
- Antwort A
- Das Bild befindet sich am Haus Nr. 13.

Seite 25: Antwort B

Seite 26: Antwort B

Seite 28: Die Schuhe sind auf den zwei Türen und den zwei Bänken (jeweils auf der Längs- und der Schmalseite) abgebildet.

Die Löwen findest du ebenfalls auf den beiden Türen und auf dem Tuch, das vor dem Altar hängt. Außerdem gibt es noch eine Löwenfigur links neben der Statue des heiligen Markus.

Seite 29: Das Bild der heiligen Eulalia befindet sich in der 4. Kapelle.

Seite 30:

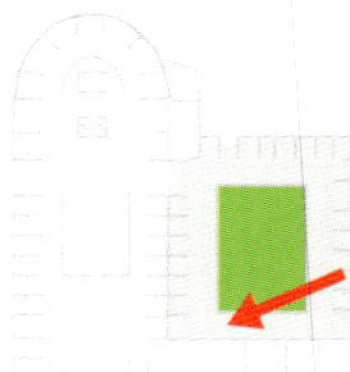

- Die Vereinigung der Schuhmacher: Das verraten die Schuh-Darstellungen über den Fenstern und um den Markuslöwen – und natürlich auch der Markuslöwe selbst, denn der heilige Markus ist ja der Schutzpatron der Schuhmacher.

Seite 31: Synagoge

Seite 33: Antwort B (→ lila Kästchen S. 35)
Seite 35: Die Ticketschalter befinden sich in der mittleren und der linken Säule.
Seite 37: Antwort B
Seite 39:
- 54 Jahre (von 1329–1383)
- Die beiden Lastenträger sind oben am Tor dargestellt.

Seite 40:
- Antwort A
- Es handelt sich um das zweite Fenster rechts vom „Lastenträger-Fenster".

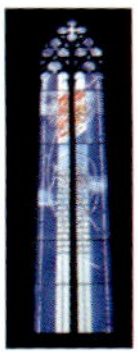

Seite 45: Modernisme
Seite 51: Antwort B
Seite 52: Antwort C
Seite 55: Der Baum des Lebens befindet sich ganz oben in der Mitte der Fassade, zwischen den beiden mittleren Türmen. Und die Schildkröten tragen die beiden Säulen neben dem Haupteingang.
Seite 57: Unser tägliches Brot gib uns heute.
Seite 58: Antwort A
Seite 59: Die Zahlen jeder Reihe – egal ob waagrecht, senkrecht oder diagonal – ergeben zusammengezählt 33 (deshalb heißt es „Magisches" Quadrat), und 33 Jahre soll Jesus alt gewesen sein, als er starb.
Seite 63: Trencadís
Seite 65: Antwort A
Das überlaufende Wasser des Beckens fließt dann durch das Drachen- und das Schlangenmaul und die anderen Brunnenausläufe auf der Treppe ab.
Seite 68: Das Fenster befindet sich links um die Ecke, im Carrer de Gràcia, circa in der Mitte des Hauses.
Seite 69: Die beiden Bilder befinden sich im Straßenpflaster, gleich am Anfang des Platzes.
Seite 70: Der Teil links bis zum Vorsprung stammt von Gaudí, der Teil rechts davon ist die Erweiterung.
Die UNESCO (→ S. 55) findet den Anbau übrigens okay – sonst hätte sie die Casa Vicens nicht in ihre Weltkulturerbe-Liste aufgenommen!
Seite 72: 173 Meter
Seite 73: Antwort A
Seite 80–81:

D	E	M	R	Ü	T	N	E	H	C	S	N	E	M	P
I	S	A	N	O	L	E	C	R	A	B	C	F	I	E
L	R	A	G	I	G	A	N	T	E	N	S	C	R	N
E	Z	T	R	N	E	T	N	L	E	R	A	T	A	E
T	I	B	A	D	R	H	A	U	R	S	A	R	L	N
R	T	O	G	O	A	P	L	N	S	L	S	E	T	N
E	A	Q	S	R	J	N	G	O	B	A	X	U	E	U
I	D	U	R	F	À	S	A	M	S	E	T	A	R	R
V	E	E	D	K	U	C	A	R	O	P	N	M	H	B
S	L	R	U	N	D	R	I	M	H	E	G	T	A	R
E	L	I	N	I	A	L	R	A	I	A	L	D	F	E
H	E	A	H	R	R	R	E	A	U	R	R	A	E	H
C	N	B	E	I	S	L	T	D	N	E	Ó	T	N	C
S	P	C	A	N	P	B	Í	S	X	I	T	S	Z	S
I	A	I	E	M	S	À	L	I	M	A	S	A	C	I
T	R	E	A	M	O	N	T	J	U	Ï	C	A	Q	G
O	K	X	L	L	E	Ü	G	K	R	A	P	I	S	A
G	I	K	A	T	H	E	D	R	A	L	E	P	D	M
E	A	I	L	Í	M	A	F	A	D	A	R	G	A	S

- die Römer
- Barcino
- der heilige Georg
- 1,6 Millionen
- Gotik
- Rambla
- Modernisme
- Stadterweiterungsbezirk
- Antoni Gaudí
- Sagrada Família
- eine Wohnsiedlung im Grünen
- Fußball
- Weltausstellung
- Englisch
- die Unabhängigkeit
- Lösungssatz: „Entweder ist er ein Irrer oder ein Genie."

Register

Bildnachweis:
Fotolia: 25 l. (JFL Photograpy), 44 u.l und 75 r. (JackF)
Wikipedia: 9 u.l. (Heralder), 9 u.M. (Martorell), 9 u.r. (Ebrenc), 27 l. (o.V.), 32 u.l. (Pedro A. Gracia Fajardo), 32 u.M. (Martorell), 32 u.r. (Huhsunqu), 44 r. und 46 l. (wikipedia:fr), 59 u. (Manoli.iv), 60r. (Tilman2007)

Alle anderen Fotos: Verlag Lonitzberg

Du hilfst uns helfen – danke!
Der Verlag Lonitzberg spendet 10 Prozent des Gewinns für Projekte, die Kindern und Jugendlichen in Entwicklungsländern eine Ausbildung ermöglichen (weitere Infos unter www.lonitzberg.at).

Die Angaben in diesem Buch wurden nach bestem Wissen erstellt und sorgfältig geprüft. Dennoch können sich Fehler eingeschlichen oder Öffnungszeiten u. Ä. geändert haben. Wir bitten, dies zu berücksichtigen.

Für Hinweise und Korrekturen sind wir dankbar: info@lonitzberg.at

Ebenfalls erhältlich

Die Reihe wird fortgesetzt.

Metro Barcelona

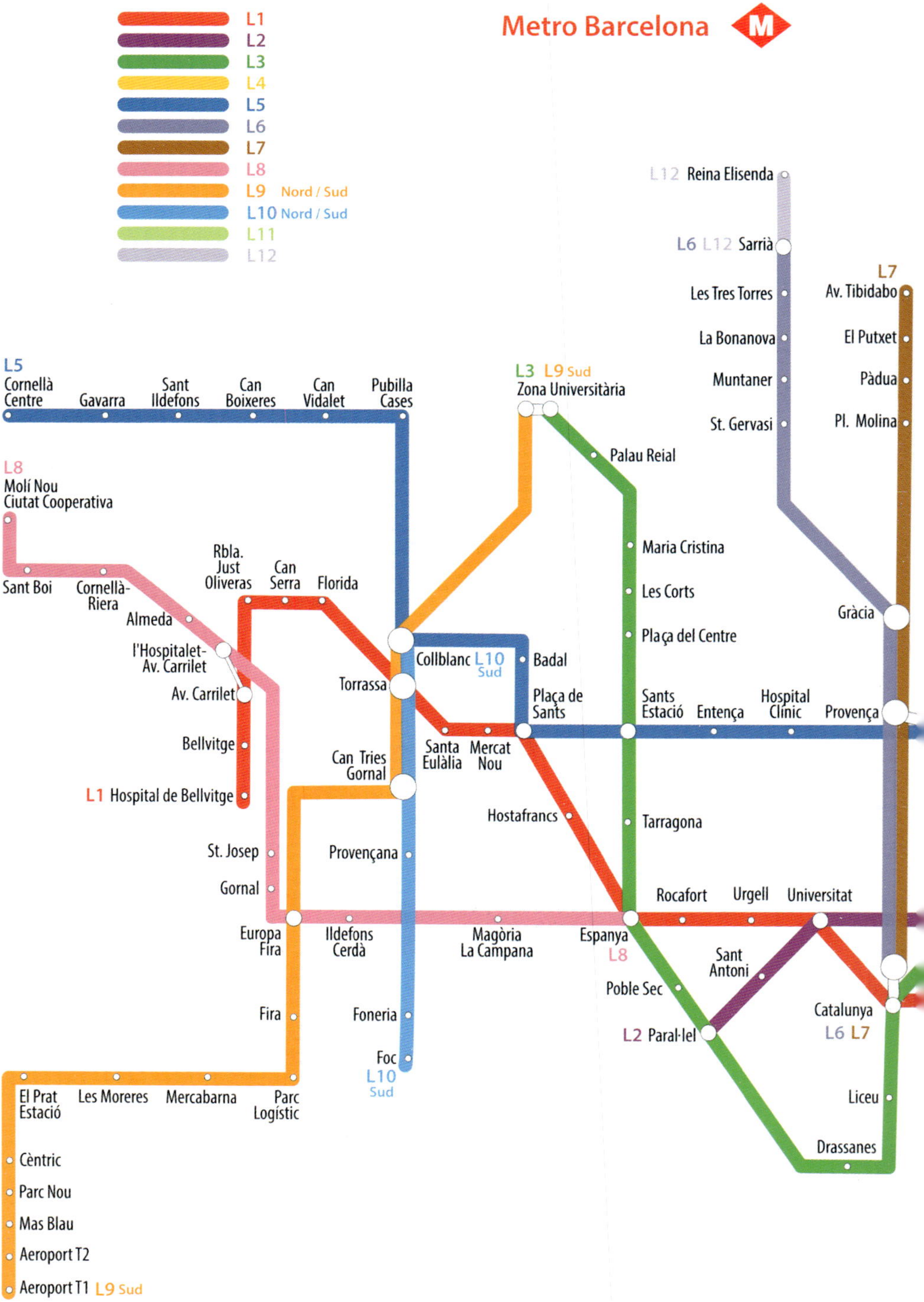